Peter Abraham

Ein Kolumbus auf der Havel

Peter Abraham

Ein
Kolumbus
auf der Havel

Überarbeitete Neuausgabe

Der KinderbuchVerlag

1

Wie Oskar Nannerl vorstellt

Christoph Kolumbus entdeckte anno Tobak bekanntlich Amerika.
Als Schuljunge ärgerte ich mich darüber, daß ich vierhundertfünfzig Jahre zu spät geboren wurde, sonst hätte ich, Oskar, Amerika entdeckt! Immerhin fuhr mein Onkel Paul mehrere Jahre als Steward auf dem Passagierdampfer »Kolumbus« und entdeckte alle paar Wochen Amerika – nämlich, wenn das Schiff in New York anlegte.
Es ist darum nicht verwunderlich, daß ich meinen Sohn, Kolumbus zu Ehren, Christoph oder Christophoro nennen wollte.
Zu meiner Überraschung brachte meine Frau ein Mädchen zur Welt. Für mich stand nun fest, sie würde Christopha heißen. Leider ließ meine Frau den Namen Marianne, ohne mich zu fragen, in die Geburtsurkunde eintragen. Marianne – so hieß auch eine Tante von mir. Als ich ein kleiner Junge war, ging diese Tante manchmal mit mir Eis essen in eine Konditorei. Wenn etwas von dem Schokoladeneis in meinen Mundwinkeln klebenblieb, befeuchtete Tante Marianne ihr Ta-

schentuch mit Spucke und versuchte, mir den Mund zu säubern, deshalb konnte ich die Tante und den Namen Marianne nicht ausstehen.

Schließlich einigten wir uns darauf, unsere Tochter Nannerl zu rufen. Gerda war nämlich ein Fan des Komponisten Mozart. Und ihr hatten neben der Musik auch noch die Briefe an seine Schwester Nannerl gefallen. Mich hatten dagegen mehr die sahnig-süßen Mozartkugeln interessiert. Als Nannerl geboren wurde, war sie auch ganz süß. Jetzt allerdings, da sie schon zehn Jahre alt ist, kann man das nicht mehr behaupten!

Nannerl ist ein lebhaftes Mädchen. Ich will nicht von ihren Betragenszensuren reden. Das ist ein trauriges Thema. In Mathematik und in Deutsch schafft es Nannerl durch Anstrengungen vor den Ferien immer auf eine Zwei. Ihre Freizeit verbringt sie mit Fußballspielen, Lesen und Fernsehen.

Sie ist für ihr Alter ziemlich in die Höhe geschossen. Vielleicht rührt es daher, daß sie zu uns Erwachsenen etwas vorlaut ist. Sie fordert zum Beispiel, alle Kinder sollten den Erwachsenen gegenüber gleichgestellt sein! Daß ich nicht lache! Sie vergißt stets, den Mülleimer hinunterzutragen, das Geschirr abzutrocknen und andere Kleinigkeiten. Und dann, verdammt nicht noch einmal, hat sie eine Ausdrucksweise! Aber davon kann sich jeder in den folgenden Kapiteln selbst überzeugen.

Ein bißchen traurig macht mich, daß Nannerl und ich, trotz meiner Vorliebe für Kolumbus, noch niemals zur See gefahren sind. Viel schlimmer – noch nicht einmal die Havel haben wir im Boot befahren!

2

Wie Nannerl Oskar vorstellt

Manche aus meiner Klasse sagen »mein Papa«, »mein Daddy« oder »mein alter Herr«. Ich sage einfach »Oskar«.
Oskar besitzt drei Fotoapparate. Er reist mit ihnen durch die halbe Welt und macht Aufnahmen. Die Bilder werden dann in den Zeitungen und Illustrierten abgedruckt. Wenn einer mal unter einem Foto »Oskar« liest, dann ist es von ihm. Mal knipst er kirgisische Schafhirten, mal koreanische Kinder, dann wieder die englische Nationalelf. Einmal ist er nach Paris gefahren und hat wer weiß wie viele Filme verknipst. Als er sie zu Hause in der Dunkelkammer entwickelte, sah man überall das gleiche: Mohrenkampf im Eisenbahntunnel. Das bedeutet, man sah nichts. Zuerst wollte er mir die Schuld in die Schuhe schieben. Ich sollte angeblich in die Filmbüchsen hineingeguckt haben.
So etwas Albernes!
Ich weiß doch, daß der Film futsch ist, wenn Licht hineinkommt. Aber das ist typisch Oskar. Immer soll ein anderer schuld sein, wenn er

seine Tabakspfeife nicht findet, wenn er zu spät zur Besprechung kommt und so weiter. Ganz ehrlich, sonst ist Oskar ein dufter Schuh. Er wird natürlich wild, wenn ich so rede, aber einen mordzigeren Ausdruck finde ich kaum noch.

Oskar sieht auch gut aus. Leider gehen ihm laufende Meter Haare aus. Mutter sagt, wenn er so weitermacht, kann er den Kopf bald mit Möbelpolitur auf Hochglanz bringen. Oskar hat einen kleinen Kugelbauch. Darum redet er immer davon, daß er nun bald anfängt, Sport zu treiben. Sag ich aber mal: »Kommst du, ej, mit in die neue Schwimmhalle, Oskar?«, sagt er: »Erstens, habe ich keine Zeit, zweitens keine Badekappe, und drittens, was heißt ej?«

3

Oskar erzählt, wie es beinahe
zu einem Familienstreit
wegen der Spaghetti
mit Tomatensoße kam

Man muß Gerda kennen, um das alles zu verstehen. Sie ist Nannerls Mama, also meine Frau und eine richtige Dame. Das bedeutet, sie bemalt sich die Fingernägel, zupft sich die Augenbrauen, biegt sich mit einem komischen Apparat, der so ähnlich wie eine Schere aussieht, die Wimpern nach oben und trägt Schuhe, die ganz wundersam aussehen, die aber zum Laufen nichts taugen.

Sie arbeitet als Meteorologin. Kurzum, sie hilft, das Wetter vorauszusagen. Manchmal stimmen diese Voraussagen sogar. Trotzdem – wenn Nannerl und ich alles, was wir wissen, zusammenzählen würden, dann würde es nur knapp die Hälfte von dem ausmachen, was Gerda weiß. Darum trägt sie, wie andere Leute einen Hut, den Titel »Doktor«.

Gerda lebt im Urlaub gern in großen Hotels. Sie malt sich das ganze Jahr die Springbrunnen in den Hotelhallen aus und die weißgekleideten Ober. Sie schwärmt von Speisen mit fremden Namen wie Omelette à Confiture oder Petit Brisolettes mit Pommes frites. Meist ist sie dann enttäuscht, wenn diese klangvollen Namen einfach andere Bezeichnungen für Eierkuchen mit Marmelade oder Buletten mit Bratkartoffeln sind.

Nannerl und ich essen am liebsten Spaghetti mit Tomatensoße.

Eines Tages sagte Gerda beim Abendbrot: »Ich habe eine Überraschung für euch.«

Nannerl und ich spitzten die Ohren.

»Man hat mir heute eine wunderbare Urlaubsreise für uns drei angeboten. Drei Wochen in einem der feinsten Hotels in Marokko!«

Nannerl und mir klappten die Augenlider herunter, und wir blickten betrübt auf unseren Teller. Wir dachten daran, daß wir für drei Wochen auf Spaghetti mit Tomatensoße verzichten müßten.

In welchem Hotel in Marokko würden sie wohl unser Lieblingsgericht kochen?

»Ihr seid solche Überraschungen überhaupt nicht wert«, sagte Gerda böse.

»Mama, wir möchten, ej, endlich mal Urlaub auf unsere Art machen«, sagte Nannerl mutig.

»Sehr richtig«, murmelte ich. »Es muß demokratisch zugehen. Drei Jahre lang sind wir in irgendwelche Hotels gefahren!«

»Und wie ist das, Urlaub auf eure Art?« fragte Gerda. Sie sah uns mit funkelnden Augen an.

Wie war denn unsere Art? Ich blickte ratlos zu Nannerl, und Nannerl blickte ratlos zu mir.

»Ich weiß schon«, sagte Gerda, »ihr wollt den ganzen Urlaub zu Hause bleiben und Bücher lesen. Ich aber soll in der Küche stehen und Spaghetti mit Tomatensoße kochen.

Aber ich möchte endlich etwas von der Welt sehen!«

»Von der Welt?« sagte Nannerl. »Sag bloß, unsere Umgebung gehört nicht zur Welt. Und schön ist es bei uns auch. Wir könnten zum Beispiel jeden Tag baden gehen, ein Ruderboot mieten und beim Italiener essen.«

»Oder wir kaufen uns gleich ein richtiges Boot. – Ein Segelboot«, fügte ich hinzu. »Und damit spielen wir Kolumbus!«

»Ihr seid ganz schöne Spinner«, lachte Gerda.

Damit hatte sie den Nagel auf den Kopf getroffen. Wir hatten nämlich überhaupt kein Geld, um ein Boot zu kaufen.

Ich sah Nannerl an, wie sie sich über die Mutter ärgerte.

Besonders ärgerte sie sich, weil die Mutter recht hatte.

»Ein Segelboot mit einer Kajüte«, sagte sie nun trotzig.

»Bringt mir ein Boot, aber nicht so ein geliehenes Ding, wo man nur Ärger mit dem Besitzer bekommt, und ich bin einverstanden«, sagte Gerda.

Nannerl blickte nun sehr traurig drein. Ihre traurigen Augen taten mir so leid, daß ich Gerda meine Hand hinstreckte.

»Schlag ein«, sagte ich. »Wir werden das Boot schon bekommen.«

Sie schlug ein. Damit war unsere Abmachung gültig. Nun brauchten wir nur noch das Boot.

4

Oskar erzählt
von zwei Zeitungsannoncen
und wie er sich seine Fehler
von einem Esel auszahlen läßt

Ich hatte ein bißchen voreilig gehandelt, als ich von dem Boot zu sprechen anfing. Aber wenn Nannerl so traurige Augen macht, dann tue ich häufig etwas Unüberlegtes.
Einmal war sie traurig gewesen, weil ihr schöner roter Luftballon fortgeflogen war. Da hatte ich versucht, einen doppelten Salto aus dem Stand heraus zu drehen. Weil ich aber noch niemals einen einfachen Salto zustande gebracht hatte, schlug ich der Länge nach hin und verknackste mir einen Fuß. Das sah komisch aus. Aber vom Saltodrehen kamen wir doch nicht zu einem Segelboot!
Am Sonntagmorgen blätterte ich lustlos in einer Zeitung, ohne wirklich darin zu lesen. Plötzlich hielt ich mir das Blatt ganz dicht vor die Augen. Da war eine Annonce:

Freunde des Wassersports! Wie in jedem Jahre werden

auch an diesem Wochenende gebrauchte Boote aller Art am Toten Arm verkauft!

»Nannerl«, schrie ich aufgeregt. »Nannerl!«
Sie kam angelaufen.
»Oskar, ej, wo brennt es denn?« fragte sie.
Ich deutete auf die Annonce.
Sie las und sagte: »Uff! Hast du Geld?«
Ich schüttelte den Kopf. »Ich habe nichts, bis auf meine Fehler.«
»Sei nicht albern, Oskar. Du willst doch nicht behaupten, ej, daß man sich für seine Fehler etwas kaufen kann.«
»Es kommt auf die Fehler an«, sagte ich, »kennst du nicht die Geschichte vom Kapitän Baxter?«
Nannerl schüttelte den Kopf.
»Das war so«, sagte ich und zündete meine Tabakspfeife an und schlug die Beine über Kreuz, »dieser Kapitän Baxter fuhr über fünfzig Jahre zur See. Er fuhr auf kleinen Schonern, auf riesigen Klippern und auch auf Fischkuttern. Fünfzehnmal hatte er in seinem Leben Schiffbruch erlebt. Und ein Haifisch hatte ihm den kleinen Finger abgebissen.
Genau zu seinem siebzigsten Geburtstag verließ er das Schiff, um sich an Land, in einem kleinen Häuschen, zur Ruhe zu setzen. Geld hatte er

nicht, und damals gab es noch keine Altersrente. Aber er brauchte nun mal Geld, um sich sein tägliches Brot zu kaufen. Eines Tages setzte er eine Annonce in die Zeitung:

Verkaufe meine Fehler zu mäßigen Preisen.
John Baxter, Kapitän.

Alle, die diese seltsame Annonce lasen, wollten sich bald totlachen. Ein Fehler ist doch etwas Wertloses. Jedermann sollte danach streben, ihn loszuwerden. Der alte Dummkopf glaubt, irgend jemand würde ihm Fehler abkaufen. So redeten die Leute.

Einige Tage später ging Kapitän Baxter zum Hafen. Ein Schiff wurde mit Baumstämmen beladen. John Baxter schaute sich das Beladen ein Weilchen an, dann sagte er zu dem jungen Kapitän des Schiffes: ›Ich verkaufe dir billig einen meiner schlimmsten Fehler, wenn du willst.‹

Der andere Kapitän zeigte John Baxter mit dem Finger einen Vogel. Da ging der alte Kapitän beleidigt nach Hause. Doch als das Schiff auslief, war er wieder am Hafen. Er stellte sich erregt auf die Hafenmauer, legte die Hände als Trichter an den Mund und rief zu dem Schiff hinüber: ›Ich verkaufe euch den Fehler für zwei Kilo Brot und eine Tonne Salzhering.‹

Der junge Kapitän aber lachte und rief zurück: ›Nicht einen halben Heringsschwanz bekommst du!‹

John Baxter brüllte nun mit ganzer Kraft, denn das Schiff entfernte sich immer mehr vom Hafen: ›Komm zurück, ich schenk dir den Fehler!‹

Der junge Kapitän dachte, der Alte ist vielleicht nicht mehr ganz richtig im Kopf. Er ließ alle Segel setzen und entfernte sich immer schneller vom Festland.

John Baxter traten die Tränen in die Augen, als er rief: ›So fahr denn in den Abgrund!‹

Das hörten die Seeleute im Hafen. Sie drehten sich um und spuckten aus, weil man so etwas nicht sagt.

Seeleute sind nämlich abergläubisch.

Kaum eine Woche war vergangen, da trieben Baumstämme an den Strand und Trümmer eines Schiffs. Es war das Schiff des jungen Kapitäns. Die Seeleute erinnerten sich an die Worte des alten Baxter: ›So fahr denn in den Abgrund.‹

Vielleicht hatte er das Schiff verhext? Sie zogen vor das Haus des alten Kapitäns und wollten es in Brand stecken.

Der alte Baxter trat vor die Tür und sagte: ›Ich bin schuld. Warum habe ich meinen Fehler aus dem Jahre siebzehnhundertachtunddreißig nicht verschenkt! Damals hatte ich Baumstämme an Bord der *Engel von Haiti*. Ich hatte versäumt, die Ladung festzuzurren. Im Sturm begannen die Baumstämme von einer Seite des Schiffs auf die andere zu rollen. Schließlich durchschlugen sie die Planken, und die *Engel von Haiti* wurde mit der ganzen Mannschaft vom Meer verschlungen.

Nur ich überlebte, an einem Baumstamm festgeklammert, das Unglück.‹

Die Seeleute vor dem Haus schwiegen. Sie verstanden nun, wie nützlich der Fehler des alten John Baxter für den jungen Kapitän hätte sein können.

Fortan gingen die Kapitäne, die auf See hinaus wollten, zu John Baxter und kauften ihm für Brot, Hering und ein bißchen Priem seine Fehler ab. Und er lebte gut, denn er hatte viele Fehler gemacht in seinem Leben.«

Nannerl schwieg ein Weilchen, und ich steckte mir die Tabakspfeife neu an. Plötzlich sagte sie: »Vielleicht, ej, könnte ich meine Rechtschreibfehler aus dem letzten Diktat verkaufen.«

»Ich glaube, Nannerl«, sagte ich, »diese Rechtschreibfehler wird dir niemand abnehmen. Aber vielleicht kann ich dir dieses alberne ›ej‹ abkaufen. Das ist schließlich auch ein Fehler.«

Sie kaute ein Weilchen auf ihren Haaren herum, »Also gut, ej. Für zwei Mark verkaufe ich es dir. Dafür hole ich mir ein Himbeereis.«

Ich nahm aus meiner Geldbörse ein Zweimarkstück und gab es ihr. »Danke, ej«, sagte sie.

»Nannerl!« rief ich laut. »Du hast jetzt kein Recht mehr ›ej‹ zu sagen. Ich habe es dir abgekauft.«

»Uff«, sagte sie. »Aber welche Fehler willst du verkaufen, Oskar?«

Sie schluckte ein »ej« hinunter.

Ich ging an meinen Schreibtisch und holte ein graues Eselchen aus dem Schubfach. Das Eselchen war aus Steingut und hatte einen Schlitz auf dem Rücken. Eine Sparbüchse.

»Für jeden meiner Fehler habe ich in den letzten zwei Jahren fünfzig Mark eingezahlt«, sagte ich.

Nannerl nahm den Sparesel und wog ihn prüfend in der Hand.

»Es wird nicht viel drin sein«, sagte ich. »Hole mir bitte den Hammer aus der Küche.«

Als sie mir den Hammer brachte, dachte ich: Kinder müssen nicht alles wissen! Und wollte sie aus dem Zimmer schicken.

Aber bevor ich es verhindern konnte, schlug sie schon mit dem Hammer zu. Peng! Peng! Der Sparesel zersprang in tausend kleine Stücke. Unter den Scherben lagen kleine weiße Zettelchen und viele Geldscheine. Ich schämte mich, weil es so viele waren.

»Manometer«, rief Nannerl, »hast du eine Menge falsch gemacht, Oskar!« Sie griff zu und las laut, was auf den Zetteln stand.

»Am siebenten Oktober vergessen, Nannerls Hausaufgaben nachzusehen; erster August, Versprechen nicht eingehalten, mit Nannerl ins Kino zu gehen; sechster Juli, habe Nannerl beschuldigt, daß sie in die Filmbüchsen geschaut hat, dabei war ich es selbst, der sie verwechselt hat.«

Nannerl blickte mir lange und strafend in die Augen. »Aha«, sagte sie schließlich, »und jetzt werden wir das Geld zählen!«

Es waren viertausendzweihundertundfünfzig Mark.

»Fünfundachtzig Fehler«, rief Nannerl vorwurfsvoll.

»Hätte ich die Fehler nicht gemacht«, verteidigte ich mich, »dann hätten wir jetzt kein Geld für das Boot.«

»Pah«, machte sie, »kann man etwa nicht sparen, wenn man keine Fehler macht?«

Sie rannte hinaus und legte stolz ihr Sparbuch auf den Tisch. »Das ist, falls deine Fehler für das Boot nicht ausreichen!«

Es waren einhundertundzwölf Mark. Nannerl legte noch die zwei Mark dazu. – Die zwei Mark für die Eiswaffel.

5

Nannerl erzählt,
wie Oskar durch das Zugreifen
des Toten Armes
einen alten Eimer kauft

Manometer, das war wohl der überquadratischste Sonntag, den ich je erlebt habe! Meine Mutter hatte ihr neuestes Sommerkleid in zartem Violett angezogen. An den Füßen trug sie Schuhe, die Oskar als »Affenkäfige« bezeichnete. Farblich paßten sie genau zum Kleid. Auch ich war vollkommen neu angezogen. Neue Sachen mag ich nicht, weil ich immer Angst habe, ein Fleck kommt drauf. Und für Flecke bin ich so eine Art Magnet. Oskar war von unserem Doktor gezwungen worden, seinen guten Anzug anzuziehen. Er trug dazu ein knallrotes Hemd. Das fand meine Mutter nicht schön. Sie liebte weiße Oberhemden mit einem Schlips. Aber wenn Oskar etwas nicht wollte, dann brachte ihn niemand dazu. – Wir gingen im Spaziergängerschritt zum besten Hotel unserer Stadt. Dort sollten wir, nach Mutters Anweisung, bei der Musik einer Jaulkapelle Kaffee trinken.

Vor dem Hotel sagte Oskar zu meiner Mutter: »Gerda, geh schon voran. Nannerl und ich haben noch eine Kleinigkeit zu erledigen.«

Wir drehten uns beide blitzschnell um und liefen im Sturmschritt los. Meine Mutter erholte sich jedoch früher von dieser Überraschung, als wir berechnet hatten.

»Halt«, rief sie und trippelte, so schnell es ihre »Affenkäfige« erlaubten, hinter uns her. »Heute ist Sonntag, da gehört eine Familie zusammen!«

»Aber Mutter«, beschwor ich sie, »es dauert höchstens fünf Minuten.«

»Ich kenne euch«, sagte sie, »ihr laßt mich dort warten, bis ich schwarz werde. Ich gehe dorthin, wo ihr hingeht!«

»Auf zum Toten Arm!« rief Oskar fröhlich.

»Was wollt ihr bloß am Toten Arm!« knörgelte der Doktor.

Während wir so liefen, fiel mir ein, daß Toter Arm ein komischer Name für einen Fluß war.

Unten am Wasser holten Oskar und ich tief Luft.

»Uff«, sagte ich, »jetzt ziehe ich mich aus und bade!«

»Das wirst du nicht tun«, sagte Mutter streng. »Es ist noch viel zu kalt.«

»Dann laufe ich wenigstens barfuß.«

»Kommt überhaupt nicht in Frage! Wenigstens einmal in der Woche kannst du anständig angezogen gehen«, sagte Mutter. Ich hatte es ja geahnt!

Am Ufer saß ein Mann und angelte. Gerade zog er einen winzigen Fisch aus dem Wasser. Der zappelte. Ich hätte das auch getan, wenn ich der Fisch gewesen wäre. Denn wer hat schon Lust, gebraten zu werden! Der Mann fand das Fischlein zu klein und warf es wieder zurück.

Wir staksten hintereinander durch dem Morast am Ufer.

»Oskar«, fragte ich, »warum heißt der Tote Arm eigentlich Toter Arm?«

Oskar wischte sich den Schweiß von der Stirn. »Irgendeinen Grund wird das schon haben«, sagte er. Ich wußte: Solche Antworten gab er nur, wenn ihm nichts einfiel.

Nun meldete sich unser Doktor. »Faktisch ist der Arm nicht tot«, sagte sie. »Es leben Fische in dem Wasser. Dort schwimmt eine Schwanenfamilie. Der Arm wird nur als ›tot‹ bezeichnet, weil hier keine Schiffe fahren. Früher kroch die Havel wie eine Schlange durch das Land. In den Kurven blieben die langen Schleppkähne häufig hängen. Außerdem war die Strecke beinahe doppelt so lang wie heute. Kluge Leute gruben später mit Baggern schnurgerade Verbindungskanäle. Die Windungen der Havel aber blieben als ›tote Arme‹ übrig. Nur die Sportboote befahren sie. Au!«

Wir sahen uns nach Mutter um. Sie stand auf einem Bein wie ein Storch und rieb sich den Knöchel. In der anderen Hand hielt sie einen ihrer »Affenkäfige«. Der Absatz war abgebrochen und steckte im Morast.

»Das ist eure Schuld!« rief sie. »Ihr habt mich hierhergelockt. Dabei könnte ich jetzt im Hotel sitzen und Kaffee trinken! Was soll ich nun machen?«

Oskar stand hilflos da und betrachtete den abgebrochenen Absatz wie ein Wunder.

»Mutter«, sagte ich, »geh doch einfach barfuß!«

»Ich bin noch nie im Leben barfuß gegangen«, erwiderte sie heftig.

»Du kannst auch meine Schuhe anziehen, dann gehe ich barfuß!«

Mutter sah zu Boden und brummte: »Na schön. Aber so kann ich nicht mehr ins Hotel!«

Ich hatte meine Schuhe schon ausgezogen und warf sie ihr zu. Froh hüpfte ich barfuß den Weg entlang.

Nach kurzer Zeit kamen wir zu der Stelle des

Toten Arms, an der die Boote verkauft wurden. –
Da war was los! Paddelboote, Kanadier und An-
gelkähne lagen im Gras. Sogar ein Wasserrad
war da. Mit der Spitze zum Ufer schaukelten die
größeren Boote im Wasser. Es wimmelte von
Leuten. Einigen sah man an, daß sie nur zum
Gucken gekommen waren. Andere betasteten die
Boote Zentimente für Zentimeter. Ganz super
fand ich die Männer mit den weißen Mützen
und 'nem Anker drauf.
»Dies ist zauberhaft«, sagte Mutter und blieb vor
einem riesigen weißen Motorboot mit chromblit-
zenden Beschlägen stehen.
Oskar schüttelten den Kopf. »Das ist eine
schwimmende Gartenlaube. Es fehlen nur noch
die Obstbäume darauf.«
Gleich neben einem großen Motorboot startete
ein schnittiger Flitzer. Ich sah, wie sich Oskars
Mund beim Sprechen bewegte. Aber verstehen
konnte ich kein Wort. So laut heulte der Motor.
Dann schoß das Boot, eine riesige Welle hinter
sich lassend, los.
»Das sieht gut aus«, sagte die Mutter, »und bestimmt ist es sehr angenehm, sich an heißen
Tagen den Fahrtwind ins Gesicht wehen zu lassen.«
»Da könnten wir gleich eine Straßenbahn kaufen,

die macht genausoviel Lärm«, sagte Oskar. »Schaut euch lieber diese schnittige OK-Jolle an. Leider ist sie zu klein für uns.«

Mutter nickte heftig. »So eine Nußschale kippt zu schnell um.«

»Hier seht ihr einen prächtigen Jollenkreuzer«, sagte Oskar fachmännisch. »Aber der kostet zuviel!« Es war ein beinahe neues Segelboot mit Kajüte.

»Oskar, was heißt ›Jolle‹ und ›Kreuzer‹?« fragte ich.

»Ganz einfach! Jollen sind offene Boote, und Kreuzer haben eine Kajüte.«

»Oskar!« brüllte ich plötzlich.

Er schrak zusammen. »Was ist passiert?«

»Oskar, sieh nur, ein richtiges Räuberschiff.« Wir standen vor einem altertümlichen Segelboot mit Kajüte. Das Boot hieß »Pütz«.

»Das ist wirklich ein schönes Schiff. Ein sogenanntes Dickschiff«, sagte Oskar.

»Das soll ein Schiff sein! Das ist ein Wrack«, rief meine Mutter.

»Dieses Schiff, liebe Frau, ist siebzig Jahre alt, und es wird noch einmal siebzig Jahre alt«, sagte eine dunkle Stimme.

Hinter uns stand ein älterer Mann mit ergrautem Haar. Er trug Gummistiefel und Pumphosen.

»Sie können sich den Kahn gern ansehen. Mein Name ist übrigens Zirrgiebel.«

Wir reichten uns die Hände.

»Sicher haben wir zuwenig Geld«, stotterte ich aufgeregt.

»Ansehen kostet nichts«, lachte Herr Zirrgiebel.

»Kommen Sie an Bord«, rief eine Frau im Trainingsanzug vom hinteren Teil des Bootes – Frau Zirrgiebel.

Ich war mit einem Sprung an Deck. Oskar zog sich zuerst die Schuhe aus. Dann machte er einen riesigen Schritt und zog sich empor.

Mutter stand hilflos herum. Sie traute sich nicht. Da packte Herr Zirrgiebel zu und hob unseren Doktor an Bord.

Wir balancierten den schmalen Gang neben der Kajüte nach hinten. Frau Zirrgiebel streckte mir die Hand entgegen. Als ich auf einer der hölzernen Bänke im hinteren Teil des Schiffs Platz genommen hatte, reichte Frau Zirrgiebel auch Oskar hilfreich die Hand. Aber Oskar lehnte ab.

»Sie müssen wissen, ich bin ein alter Segler. Seit Kindesbeinen habe ich ...«

Es machte plötzlich »plumps«.

Oskar schwamm in seinem besten Anzug im Toten Arm. »... auf Planken gestanden«, vollendete er seinen Satz prustend.

Zuerst erschraken wir alle sehr. Dann mußte unser Doktor lachen. Und wir lachten alle mit. Nur Oskar machte schwimmend eine finstere Miene.

»Will mich keiner retten?« rief er.

Herr Zirrgiebel reichte Oskar die Hand und half ihm an Bord.

»Auf Strümpfen rutscht man an Deck leicht aus«, sagte Frau Zirrgiebel. »Aber nun gehen Sie schnell in die Kajüte und ziehen sich um. Ich gebe Ihnen Sachen von meinem Mann.«

»Reichen Sie uns die nassen Kleidungsstücke heraus«, sagte Herr Zirrgiebel. Zuerst tauchte Oskars Hand mit der Hose auf, dann folgten das Jackett, das rote Oberhemd, die Unterwäsche, die Socken und schließlich eine Brieftasche und ein Bündel Geldscheine. Ja, sogar Oskars Fehler waren naß geworden! Ich glättete die Scheine sorgfältig. Herr Zirrgiebel zog inzwischen Oskars Kleidungsstücke wie Segel am Mast auf.

Dann kam Oskar selbst aus der Kajüte. Er trug einen Trainingsanzug, der viel zu klein war.

»Setzen Sie sich in die Sonne«, sagte Frau Zirrgiebel zu ihm, »ich koche Kaffee. Das wärmt ordentlich durch!«

Kurze Zeit später saßen wir beim Kaffee auf der »Pütz« und unterhielten uns prächtig mit Familie

Zirrgiebel, die wir vor einer Stunde noch nicht gekannt hatten. Und es war so gemütlich wie bei Oskars Schulfreund Eddi, den wir ab und zu besuchten.

Oskar blinzelte in die Sonne und nieste plötzlich. Dann sagte er zu Herrn Zirrgiebel: »Warum wollen Sie dieses schöne Schiff verkaufen?«

»Wir schippern nun schon viele Jahre auf der Havel«, sagte Herr Zirrgiebel. »Jedes Wochenende und die Ferien haben wir mit der ›Pütz‹ verbracht. Jetzt aber sind wir beide Rentner.«

»Das ist doch super«, rief ich. »Dann können Sie doch den ganzen Sommer auf dem Boot verbringen.«

Zirrgiebels sahen mich traurig an.

»Davon haben wir auch mal geträumt«, sagte die Frau. »Aber unsere Rente reicht gerade so zum Leben.«

»Sagen Sie bloß, so ein Boot frißt Brot und Butter«, rutschte mir heraus.

Mutter warf mir einen vernichtenden Blick zu.

Herr Zirrgiebel lachte. »Nee, Mädchen! Brot und Butter nicht. Aber irgendwo mußt du das Boot doch anbinden. So ein Bootsplatz kostet Geld. Farbe brauchst du jedes Jahr. Und manchmal geht auch etwas kaputt.«

Da habt ihr es! sagten die Blicke, die Mutter Os-

kar zuwarf. Denn immer, wenn Oskar und ich etwas kaufen wollten, beschwor sie die Bilder vom
Elend herauf, das über uns kommen würde.

Zum Beispiel würden wir betteln gehen und unter Brücken schlafen müssen.

Oskar ignorierte Mutters warnende Blicke.

»Was soll der Kahn kosten?« fragte er mit einer
Miene, als hätten wir zu Hause einen Kleiderschrank voller Geld.

»Achttausend«, sagte Herr Zirrgiebel.

Ich mußte vor Schreck husten.

»Wir haben aber nur viertausenddreihundert-
undvierundsechzig Mark«, rief ich.

»So«, sagte Herr Zirrgiebel und schmunzelte.

Oskar ließ ein langgezogenes Stöhnen hören.

Dann schwiegen wir alle ein Weilchen.

Unerwartet sagte unser Doktor: »Ich kann doch
die dreitausend Mark, die für den Urlaub in Marokko gedacht waren, hinzulegen.«

»Mann«, rief ich und fiel meiner Mutter um den
Hals.

»Sie können sich mit dem Rest des Geldes ruhig
Zeit lassen«, ließ sich die Stimme von Frau Zirrgiebel hören. »Wir wollen auch noch unseren Urlaub auf dem Kahn verleben.«

»Der Kahn würde Ihnen ab Juli zur Verfügung
stehen«, fügte Herr Zirrgiebel hinzu. »Sind Sie

einverstanden?« Er hielt Oskar die rechte Hand hin.

Oskar schlug mit seiner Hand ein.

»Topp«, sagte er.

So waren wir mit einem Schlage »Bootseigner«.

Am späten Nachmittag gingen Oskar, der Doktor und ich wieder den morastigen Weg am Toten Arm zurück. Mutter in meinen Schuhen. In der Hand trug sie die »Affenkäfige«.

»Der Kaffee hat besser geschmeckt als der im Hotel«, sagte sie.

Oskar machte mir hinter Mutters Rücken ein Zeichen. Es bedeutete: Siehst du, manchmal ist der Doktor ganz vernünftig!

Übrigens trug Oskar seinen feuchten, zerknautschten Anzug wie ein Lord.

»Der Name ›Pütz‹ ist komisch«, sagte ich.

»In der Seemannssprache ist Pütz ein Gefäß«, erklärte Oskar.

»Kurzum«, sagte Mutter, »ein alter Eimer.«

6

Nannerl erzählt
über Reisevorbereitungen nach Afrika
und erfährt den Nutzen
einer Ohrfeige

Während ich mich an Oskars Schreibtisch mit den Matheaufgaben abquälte, segelten die Zirrgiebels mit unserem Boot seelenruhig bei Rathenow umher und erholten sich. So ungerecht war die Welt.

»Kreuzdeubeldreimalverdammterspierenbruch ...« sagte ich laut. Da öffnete sich die Tür. Oskar stand in Hut und Mantel da. Er war gerade von der Arbeit heimgekommen.

»Schäm dich, Nannerl, so zu fluchen!«

»Ein richtiger Seemann muß auch richtig fluchen«, sagte ich.

Oskar holte tief Luft. Ich wußte, er würde mir jetzt eine längere Gardinenpredigt halten.

»Als die Seeleute das Fluchen erfanden, war das Leben auf der See hart. Wenn du bei eisigem Wind in die Takelage klettern mußt, um die Segel zu bergen; wenn du Tag und Nacht die Pumpe bedienen mußt, weil diese romantischen

Klipper Wasser machten; wenn auf einer langen Reise das Trinkwasser alle wird, dann hast du Grund zum Fluchen!«

»Na«, sagte ich, »wenn du meine Matheaufgaben lösen müßtest, Manometer, da würdest du auch fluchen!«

Die Tage bis zu den Ferien schienen aus Kaugummi zu sein. So zogen sie sich in die Länge.

Oskar hatte mir ein Buch besorgt. Es hieß »Abc des Segelns«. Darin las ich häufig.

Oskar saß Abend für Abend über Landkarten gebeugt und steckte unseren Kurs ab. Manchmal hob er den Kopf und sagte: »Nannerl, wenn wir den Havelkanal entlangfahren, dann müssen wir beim Kilometer vierzehn Komma zwei aufpassen. Dort soll es laut Wasserwanderkarte eine starke Querströmung geben.«

Nur unser Doktor schien sich von unserem Eifer nicht anstecken zu lassen. Meine Mutter tat so, als ginge sie die bevorstehende Fahrt überhaupt nichts an.

Darum stellte ich mit Oskar eine Proviantliste zusammen – Proviantliste für große Fahrt des Kielschwertkreuzers »Pütz«:

1. 1/2 Doppelzentner Spaghetti
2. 1 Marmeladeneimer mit Tomatenmark

3. 2 Kilo Speck
4. 40 Kilo Zwiebeln
5. 1 Kilo Salz
6. 10 Kilo Zwieback
7. 1 Flasche Rum
8. 100 Flaschen rote Brause

Wir gingen mit dem Zettel in die Küche. Mutter backte gerade Kartoffelpuffer. Unser Doktor warf einen kurzen Blick auf den Zettel und sagte: »Ja, Afrika ist weit!«
»Wieso Afrika?« fragten Oskar und ich wie aus einem Munde. »Wir wollen zur Müritz!«
»Ich dachte nur«, meinte sie, »weil eure Verpflegung für ein halbes Jahr ausreichen würde. Außerdem bin ich der Koch an Bord. Ich bestimme also, was mitgenommen wird.«
»Koch – hast du gehört, Oskar«, sagte ich.
»Schrecklich, schrecklich«, sagte Oskar, »nun lebt unser Doktor in einer Seemannsfamilie und hat immer noch nicht begriffen, daß der Koch an Bord Smutje heißt.«
»Doktor«, rief ich, »weißt du wenigstens, wo Backbord ist?«
»Am Küchenschrank«, sagte meine Mutter.
»Aber nur, wenn am Fenster der Bug des Schiffes, also die Spitze ist«, belehrte sie Oskar.

»Ich sage einfach für Backbord links, wie findet ihr das?«

»Um Gottes willen«, schrie Oskar. »Das bringt uns doch in Gefahr. Stell dir vor, du drehst dich mal um und schaust nach hinten. Plötzlich sagt Nannerl, du sollst die Leine auf der linken Seite losschmeißen. Da wirfst du glatt die falsche los. Aber Backbord bleibt immer Backbord, wie du dich auch drehst und wendest.«

»Und Steuerbord bleibt Steuerbord, das kann selbst der Klabautermann nicht verhindern. Uff!« fügte ich hinzu.

»Ach, seid ihr klug«, sagte der Doktor und drückte uns jedem einen heißen Puffer in die Hand. Wir ließen die Puffer von einer Hand in die andere wandern, um uns nicht die Finger zu verbrennen.

»Da wäre noch die Frage des Reiseproviants«, sagte ich.

»Na, dann öffne doch mal den Küchenschrank.«

»Drück dich bitte verständlich aus«, forderte Oskar. »Wenn wir dich richtig begreifen, meinst du die Proviantkiste, die sich in unserem Fall achtern befindet. Aber wahrscheinlich weißt du nun wieder nicht, wo achtern ist. – Das bedeutet hinten.«

Unser Doktor hatte während dieses Wortschwalls

den Küchenschrank geöffnet. Wir sahen, er war zum Bersten voll mit Konserven.

Oskar und ich mußten uns erst von der Überraschung erholen, denn gewöhnlich konnte in unserem Küchenschrank eine Maus verhungern, weil sich bei uns jeder darauf verließ, daß der andere einkaufte. Am Ende gingen wir dann meist in eine Gaststätte.

»Das ist ja toll, ej«, entfuhr es mir.

Oskar warf mir einen strafenden Blick zu, weil ich ihm das »ej« doch verkauft hatte.

»So«, sagte der Doktor, »nun schert euch steuerbords aus der Kombüse!«

Wir trollten uns murrend.

»Du, Oskar«, sagte ich, »das mit Backbord und Steuerbord ist ja sehr schön, aber wie krieg ich raus, wo Backbord und wo Steuerbord auf so einem Schiff ist. Das müßte man doch groß ranschreiben!«

»Also, wenn du von hinten nach vorn zum Bug schaust, ist rechts Steuerbord.«

»Mann, Oskar, begreif doch mal, ich weiß doch nie genau, welches meine rechte und welches meine linke Hand ist.«

Mir war das Ganze eigentlich peinlich. Überall wurde man deshalb angepflaumt. Neulich hatte mich beinahe eine Straßenreinigungsmaschine überfahren, weil ich beim Überqueren der Straße zuerst nach rechts und dann nach links gesehen habe. Vielleicht wußte Oskar einen Rat, wie man diese verdammten Hände auseinanderhalten konnte?

»Das ist ganz einfach«, sagte Oskar. »An Bord gibt es die sogenannten Positionslaternen. Links ist die rote, rechts die grüne.«

»Heiliges Meeresungeheuer«, sagte ich verzweifelt, »woran merke ich mir nun wieder, daß Grün rechts ist?«

Oskar putzte sich die Hände am Taschentuch ab, zog seine Pfeife hervor und stopfte sie.

»Zur Zeit, als auf allen Meeren noch die großen Segelschiffe fuhren«, begann Oskar und zündete sich die Tabakspfeife an, »da gab es einen Jungen namens Timm in Rostock. Timm war in der Schule ein fleißiger, aufgeweckter Kerl. Aber er war nicht nur fleißig, sondern auch sehr stolz. Und wenn der Lehrer den Rohrstock nahm und einen Schüler verprügelte, zitterte Timm vor Wut und sagte leise: Ich würde mir das nicht gefallen lassen!

Einmal sollte er die rechte Hand heben. Das war ein Problem für Timm, denn er irrte sich häufig. So hob er die linke Hand. Der Lehrer holte zweimal kurz aus. Und Timm hatte seine Ohrfeigen weg.

Wie gesagt, Timm war stolz. Er lief in der Pause einfach aus der Schule fort. ›Wer mich noch einmal schlägt‹, sagte er, ›der wird es büßen müssen.‹

Gerade zu diesem Zeitpunkt sollte die Brigg ›Marye und Betty‹ nach Chile auslaufen.

Timms Vater, der selber viele Jahre zur See gefahren war, sprach mit dem Kapitän. Und Timm wurde als Moses, das heißt als Schiffsjunge, angeheuert. Zum Abschied schenkte der Vater Timm noch ein gutes Seemannsmesser.

Kapitän Friedrich Joach war ein strenger, aber sehr erfahrener Kapitän. Schon im Hafen wußte er, dieser Timm würde einmal ein guter Seemann. Timm huschte wie ein Wiesel bis in die oberste Rahe hinauf, griff kräftig wie ein Erwachsener am Ankerspill zu, lernte schnell, wie man das gebrochene Tauwerk spleißt. Nur eins konnte sich der Bursche nicht merken: wo Backbord und wo Steuerbord war.

Nun geschah es am dreiundzwanzigsten Tag der Reise, daß die ›Marye und Betty‹ auf dem selben Kurs mit der holländischen Brigg ›Theun van Holzen‹ lief.

Keiner der beiden Kapitäne wollte langsamer als der andere sein. Wenn der eine noch ein Segel zusätzlich verheißte, so tat es der andere auch.

Auf beiden Schiffen wurden die Lasten umgelagert, um die beste Lage für das Schiff zu erreichen. Jeder falsche Handgriff der Mannschaften konnte das eine oder das andere Schiff zurückwerfen.

Als nun der Kapitän Joach rief: ›Jungs, alles Eisen nach Backbord‹, rannte Timm als erster in den Laderaum und versuchte, die Tonnen mit Eisenschrauben, die für Chile bestimmt waren, von der einen zur anderen Schiffsseite zu bugsieren. Die anderen Matrosen waren von seinem Eifer so angesteckt, daß sie, ohne zu überlegen, mit anpackten. Das Pech war, daß sie im Eifer nicht bemerkten, wie sie die Last nach Steuerbord trimmten. Der Kapitän auf der Brücke merkte es zuerst, weil das Schiff an Fahrt verlor und sich zur falschen Seite neigte.

Die ›Theun van Holzen‹ zog stolz vorbei.

Da packte den Kapitän eine gewaltige Wut. Er griff sich den Timm und knallte ihm seine Seemannshand auf die linke Backe.

Die wurde knallrot.

›Damit du es dir merkst, Moses‹, schrie der Kapitän. ›Da, wo deine Backe rot wird, ist Backbord!‹

Zuerst wollte sich Timm mit seinem Seemannsmesser auf den Kapitän stürzen. – Wie gesagt, er war sehr stolz. Dann aber kam er zu der Erkenntnis, daß dies die nützlichste Backpfeife seines Lebens gewesen sei. Und tatsächlich fiel ihm immer, wenn er die rote Positionslampe sah, seine rote Backe ein.

Er verwechselte nie mehr Backbord mit Steuerbord. Und es wird berichtet, Timm soll später sogar Kapitän geworden sein.«

»Vielleicht hat diese Ohrfeige auch für mich noch einen Nutzen«, sagte ich.

»Aber trotzdem bin ich gegen die Prügelstrafe.«

7

*Oskar erzählt
von einer Meuterei auf der »Pütz« und wird
in einen Streit über Demokratie verwickelt.
Dabei erleidet er beinahe Havarie*

Ich, Oskar, will ehrlich sein. Ein Mensch kann weder alles wissen noch alles kennen. Und Väter, das wird niemand bestreiten, sind auch Menschen!

Das ganze Wochenende werden mir Fragen gestellt.

Das geht schon so, seit Nannerl sprechen lernte.

»Oskar, warum fällt der Mond nicht herunter?«

»Oskar, warum hat die Wurst zwei Zipfel und nicht drei?«

»Oskar, warum fliegen die Fliegen immer?«

Als Nannerl klein war, fand ich ihre Fragen schon ganz schön schwer. Aber jetzt ist es noch viel schlimmer geworden.

»Oskar, fährt ein Schiff auf orthodromem Kurs schneller oder auf loxodromem?«

»Oskar, wie ist das Mondgestein zusammengesetzt?«

»Oskar, Oskar, Oskar...«

Ich sage nicht gern »Das weiß ich nicht«. Ein Vater muß es einfach wissen. Darum erzähle ich manchmal Geschichten, die nicht so ganz stimmen. Zum Beispiel die Geschichte von diesem Timm ... Aber um Gottes willen, Nannerl darf das nicht wissen!

Ich kann leider auch nicht alles.

»Oskar, kannst du ein Seil über die Havel spannen und darauf spazierengehen?«

»Natürlich, kann ich, Nannerl, nur ich habe gerade kein Seil zur Hand.«

Nun lag das Dickschiff »Pütz« am Steg. Es gehörte jetzt uns. Und Nannerl glaubte, ich sei ein ganz großartiger Segler.

Als ich jung war, bin ich mit dem Paddelboot und einem Badetuch gesegelt. Später war ich im Segelklub. Dort bin ich dann auf ganz kleinen Booten gefahren. Ja, ich habe sogar meine Prüfung für die Binnengewässer abgelegt. Aber seit zehn Jahren habe ich mir auf dem Wasser keinen Wind mehr um die Ohren wehen lassen.

Und nun wartete dieser Riesenkahn mit einer Segelfläche von fünfundzwanzig Quadratmetern am Steg.

Mir war flau in den Kniekehlen, als der Tag der Abfahrt herangekommen war. Ich mußte bis zum

43

letzten Tag fotografieren, und wir hatten nicht einmal eine Probefahrt mit dem Segelboot machen können.

Von all meinen Ängsten durften Nannerl und unser Doktor nichts mitbekommen.

Am Morgen der Abfahrt lag ein riesiger Berg Sachen auf dem Steg. Die mußten verstaut werden. Gerade sah ich, wie sich Nannerl mit zwei Jahrgängen der »Nautischen Mitteilungen« an Bord schleichen wollte.

»Nannerl, was willst du mit diesen ›Nautischen Mitteilungen‹?«

»Weißt du, Oskar, damit wir nicht auf eine Sandbank oder ein Riff laufen, das ist doch wohl wichtig, wie?«

»Aber Nannerl, in den ›Nautischen Mitteilungen‹ steht zwar drin, daß sich an den Neufundlandbänken was verändert hat oder daß der Marianengraben tiefer geworden ist, aber über die Havel steht kein Wort geschrieben.«

Nannerl blitzte mich zornig an: »Gehen wir auf große Fahrt oder nicht? Auf ein richtiges Schiff gehören die ›Nautischen Mitteilungen‹!«

»Die ›Nautischen Mitteilungen‹ bleiben hier!« sagte ich.

Da setzte sie sich auf die beiden dicken Bände und sagte: »Dann bleibe ich auch hier!«

Ich wußte natürlich, daß Nannerl diese Drohung niemals wahr machen würde.

An Bord war unser Doktor dabei, den Kleiderschrank einzuräumen. Ich hatte außer den Sachen, die ich am Leib trug, nur noch einen Trainingsanzug und Ölzeug mit.

Als Gerda meinen Trainingsanzug sah, rief sie empört: »Oskar, der paßt hier nicht mehr rein! Sieh mal, ich bekomme ja meine Kleider nicht mal unter!«

»Laß mich mal an den Schrank«, sagte ich und schob den Doktor zur Seite.

Ich nahm aus dem Kleiderschrank: drei kurze Kleider, ein langes Kleid, ein Kostüm, zwei Hosenanzüge, einen Sommermantel, sechs Paar Schuhe, ein Bügeleisen.

»So«, sagte ich und stellte ein Paar Holzlatschen in den Schrank und hängte auch ein kurzes Kleid hinein. Alles andere nahm ich und ging damit von Bord.

»So«, sagte nun der Doktor, »ich fahre doch nicht nackt!«

Wohlgemerkt, unser Doktor war mit einem Pullover und Jeans bekleidet.

»Nackt und mit einem Bügeleisen«, brummte ich. »Dabei haben wir gar keinen Strom an Bord.«

»Ich fahr jedenfalls nicht ohne meine Sachen und ohne mein Bügeleisen!«

Ich hängte alles in den Schrank, der uns im Bootsschuppen gehörte, und legte auch die beiden Bände »Nautische Mitteilungen« dazu.

Als ich zurückkam, saßen Nannerl und der Doktor eng umschlungen in der Plicht des Bootes und besahen sich interessiert das Treiben auf dem Wasser. Sie taten so, als wäre ich Luft.

»Uff, manche Menschen haben überhaupt keine Vorstellungen von Demokratie«, sagte Nannerl.

»Ich finde das besonders traurig bei einem erwachsenen Menschen«, fügte der Doktor hinzu.

»Manometer«, stöhnte Nannerl, »das ist ja alles noch viel, viel schlimmer. Der Mensch, um den es hier geht, ist sogar in der Gewerkschaft.

»Wenn ihr meint, Demokratie ist, wenn jeder machen kann, was er will, wenn jeder ein Segelschiff in eine Gerümpelkiste verwandeln darf, dann bin ich gegen die Demokratie. Schließlich bin ich hier Kapitän.«

Ohne auf mich zu achten, sagte Nannerl: »Komm, Doktor, wir setzen uns auf den Steg, da ist es viel ruhiger.«

»Du hast vollkommen recht«, sagte Gerda, »vielleicht sollten wir auch ein Eis essen gehen!«

»Hiergeblieben«, sagte ich, »sonst sind wir morgen früh noch am Steg!«

Aber Nannerl und der Doktor taten wieder so, als gäbe es mich überhaupt nicht.

Das war Meuterei!

Früher wurden meuternde Matrosen an den Rahen aufgehängt. Da hatte meine Mannschaft wirklich Glück, daß sich die Zeiten so verändert hatten!

Was sollte ich machen? Wohl oder übel mußte ich allein weiterarbeiten. Ich füllte die Wasserkanister, verstaute die Lebensmittel, nahm Benzin an Bord, befestigte die Segel an den Leinen.

Meine Mannschaft hockte noch immer unbeteiligt auf dem Steg.

Irgend etwas mußte passieren. Ohne Mannschaft konnte ich nicht segeln. Außerdem machte es keinen Spaß.

»Alles klar zum Ablegen«, rief ich.

Meine Mannschaft tat so, als sei sie taub.

Denen werde ich es zeigen, dachte ich.

Der Wind kam genau von vorne. Das machte es mir möglich, die Segel im Stand zu verheißen.

Zuerst zog ich die Fock, das kleine Vorsegel, auf.

Dann stieg auch der große Lappen, will sagen, das Großsegel, am Mast in die Höhe.

Als die Segel im Winde flatterten, wurden Nannerl und der Doktor auf dem Steg unruhig. Sie riefen mir irgend etwas zu. Ich verstand es nicht, weil die Segel laut knatterten.

Nun warf ich die hinteren Leinen los, ging dann nach vorn und warf auch die vorderen los.

Da sprangen Nannerl und der Doktor schnell an Bord. Sie glaubten wohl, ich würde sie tatsächlich auf dem Steg sitzen lassen. Ich stieß unser Boot mit dem Bootshaken aus dem Stand.

Als wir auf dem freien Wasser waren, schrie ich: »Fock backbord dicht holen!«

Nannerl hatte gut gelernt. Sie wußte sofort, was sie zu tun hatte. Der Doktor hatte mich nicht richtig verstanden und zerrte das Vorsegel an der zweiten Leine hinüber auf die andere Seite.

»Da habt ihr eure Demokratie«, schimpfte ich. »Ich habe backbord gesagt.«

Der Doktor ließ beleidigt die Leine fahren.

Nun holte ich die Großschot dicht und brachte damit das Großsegel in die richtige Stellung. Das ging verhältnismäßig einfach. Die Großschot ist nämlich eine Leine, die über mehrere Rollen läuft. Im Prinzip ist sie ein Flaschenzug, der sich auf einem Boot aber Talje nennt. Zu meiner Verwunderung fuhr unser Boot nicht einen Zentimeter vorwärts. Es trieb plötzlich quer auf andere Boote zu, ohne auf das Steuer zu reagieren.

Vielleicht hatten uns die Zirrgiebels betrogen, und dieses Boot war zum Segeln ungeeignet. Diesen Gedanken verwarf ich jedoch sofort wieder. Es blieb mir auch keine Zeit, im »Abc des Segelns« nachzuschlagen, denn wir näherten uns einem blitzblanken Jollenkreuzer. Auf dem Steg beobachteten fast alle Segler des Sportklubs »Rot-Weiß« unser Manöver.

Mein Kopf wurde rot.

Plötzlich sagte der Mann auf dem Jollenkreuzer: »Sportsfreund, du mußt das Schwert herunterlassen!«

Nannerl flitzte in die Kajüte und löste die Schwertleine, auch Schwertfall genannt.

Es bumste. Das Schwert war also unten.

Im gleichen Augenblick rief der Doktor langgezogen: »Huch ...«

Die »Pütz« hatte sich nämlich stark zur Seite geneigt und kam in Fahrt. Man hörte plötzlich das Rauschen des Wassers am Bug. Ach, war das ein schönes Gefühl!

»Mast- und Spierenbruch«, brüllten die Segler auf dem Steg. – Auf dem Festland sagt man »Hals- und Beinbruch« – hofft auf das Gegenteil.

Es herrschte ein Weilchen Stille an Bord, bis auf das Rauschen und das zeitweilige Knarren des

Mastes. Nannerl tuschelte plötzlich mit dem Doktor.

Dann sagte sie laut: »Oskar, hör zu, wir haben uns soeben geeinigt, daß keiner von uns Kapitän sein soll. Wir führen das Schiff kollektiv.«

»Ha«, lachte ich künstlich. »Ihr habt ja gesehen, was dabei herauskommt. Vorhin habt ihr die Fock in zwei verschiedene Richtungen gezerrt. Das war nicht so schlimm. Wenn aber in einer brenzligen Situation der eine Hü und der andere Hott macht, liegen wir schließlich alle zusammen im Bach.«

Nannerl und der Doktor tuschelten wieder miteinander.

Dann sagte Nannerl: »Uff, obwohl du dich wie ein Kutscher ausdrückst, nicht wie ein Seefahrer, geben wir zu, es ist was Wahres an deinen Worten.«

»Ich finde nur«, sagte der Doktor, »ein bißchen leidet die Demokratie ...«

»Gut«, sagte ich, »meine Anordnungen werden also befolgt!« Der Doktor war immer noch nicht zufrieden. »Was ist, wenn du uns etwas ganz Idiotisches befiehlst. Zum Beispiel, wir sollen ein Loch ins Boot bohren.«

»Tja«, sagte ich langgezogen, »man muß natürlich Vertrauen zum Kapitän haben.«

»Eu, eu, eu, eu«, rief Nannerl, »Vertrauen muß man sich erwerben, und das Ding mit dem Schwert vorhin, wo wir beinahe Havarie hatten ...«

»Klar zur Wende«, unterbrach ich sie barsch, denn dieses Thema war mir unangenehm.

Wir wendeten, das heißt, ich riß den Steuerknüppel, der sich an Bord Pinne nennt, hart herum. Im gleichen Augenblick ging das Boot durch den Wind, die Segel flatterten einen Augenblick, füllten sich aber auf der Steuerbordseite sofort wieder mit Wind.

Als ich noch einmal zurückschaute, sah ich, wie ein Radfahrer in vollem Tempo auf den Bootssteg raste und beim Bremsen beinahe kopfüber ins Wasser gestürzt wäre.

Nannerl hatte den Mann auch erblickt.

»Das ist Eddi, dein Jugendfreund«, sagte sie. »Was will er nur?«

Eddi gestikulierte wild. Doch wir wußten nicht, was er meinte.

»Wird wohl nicht so wichtig sein«, sagte ich.

»Den Schlüssel für unsere Wohnung hast du ihm doch gegeben?« fragte der Doktor.

»Du kannst dich auf ihn verlassen«, sagte ich, er gießt die Blattpflanzen bestimmt jeden Tag.«

8

Nannerl erzählt,
wer ER ist und wie einem Schwan,
der ein Tintenfisch war,
ein Meeresopfer dargebracht wird

»ER schläft«, sagte Oskar, »aber vielleicht kommt ER später noch. ER ist nämlich unberechenbar.«
ER war der wichtigste Mann bei uns an Bord.
Ohne ihn schaukelten wir auf den Wellen der vorüberflitzenden Motorboote, und das Segel sah aus wie ein alter, leerer Sack.
ER war der Wind.
Oskar hatte uns verboten, das Wort »Wind« auszusprechen.
»Wenn man zuviel über IHN redet, bleibt er weg«, sagte er.
Wir redeten aber kaum über ihn, und trotzdem blieb er weg. So lümmelten wir uns alle drei faul auf der »Pütz« und blinzelten in die Sonne.
Eine lange Wegstrecke vor uns ragte ein Kirchturm auf. Dort machte die Havel einen Knick.
»Du, Oskar, was meinst du, wie viele Tage benötigen wir bis zum Kirchturm?«

»Kommt darauf an«, sagte Oskar, »wie ER gelaunt ist.«

»Ach, du mein lieber Schwan«, rief ich plötzlich, weil ich eine schwarze Wolke entdeckte, die wie ein Tintenfisch aussah.

Oskar und der Doktor hielten indessen nach dem Schwan Ausschau.

»Wo denn nur?« fragte der Doktor.

»Ich meine doch die Wolke dort oben. Sieht aus wie ein Tintenfisch.«

Da hatte ich mir nun wieder etwas eingehandelt.

»Wieso sagst du ›mein lieber Schwan‹, wenn du eine Wolke meinst, die deiner Ansicht nach wie ein Tintenfisch aussehen soll?«

»Ich muß auch sagen«, fügte Oskar hinzu, »deine Ausdrucksweise läßt zu wünschen übrig!«

So sind die Erwachsenen! Sie machen es unsereinem schwer!

Wer weiß, was ich mir noch alles hätte anhören müssen, wenn uns nicht in diesem Augenblick ein feiner Luftzug berührt hätte. Der Doktor öffnete schon den Mund, da machte Oskar: »Pst!«

Sein Gesicht bekam einen Glanz, als würde der Weihnachtsmann im nächsten Augenblick an Bord kommen.

»ER«, hauchte Oskar. Dabei blickte er auf das Windfähnchen an der Mastspitze.

»ER kommt doch aus der falschen Richtung!« sagte ich. Denn tatsächlich wehte ER vom Kirchturm her.

»Der pustet uns glatt zurück zum Bootshaus.«

Da lachte Oskar überlegen.

Das Segel füllte sich schlagartig mit Wind. Unsere alte »Pütz« legte sich sanft zur Seite, und wir steuerten auf einen Punkt zu, der nicht weit vom Kirchturm entfernt war.

»Das ist ein Ding!« sagte ich.

»Ein dolles Ding!« bestätigte Oskar. »Es hat aber auch ein paar Jahrtausende gedauert, bis die Menschen darauf kamen, daß man gegen den Win ...«

Oskar bekam plötzlich einen Hustenanfall. Beinahe hätte er das Wort »Wind« ausgesprochen.

»... gegen IHN segeln kann«, verbesserte er sich.

»Die alten Griechen zum Beispiel konnten häufig nicht auslaufen, weil der Wind genau auf die Küste drückte. Du solltest mal die Odyssee von Homer lesen. Die alten Griechen versuchten, das Problem durch lange Gebete an den Gott des Meeres zu bewältigen. Sie brachten sogar dem

Meeresgott Opfer. Zum Beispiel warfen sie hübsche Mädchen ins Wasser und ließen sie ertrinken ...«

»Das ist eine Sauerei!« sagte ich. »Wäre ich zweitausend Jahre früher in Griechenland geboren, dann hätten sie mich vielleicht auch geopfert. Prost Mahlzeit!«

»Klügere Leute«, fuhr Oskar fort, »faßten den Entschluß, dem Meeresgott nicht mehr zu opfern, sondern ihn zu überlisten. Sie bauten bessere Boote und erfanden immer zweckdienlichere Segel. Unser Gaffelsegel gehört nun auch schon nicht mehr zu den modernsten, aber immerhin ...«

In diesem Moment fiel eine starke Böe über uns her. Das Boot legte sich stark auf die Seite.

»Mann, Oskar«, sagte ich erschrocken und klammerte mich an die Sitzbank.

In der Kajüte klirrte etwas.

Mutter eilte sofort unter Deck, um zu prüfen, was geschehen war. Nach kurzer Zeit kam sie mit einem zerbrochenen Teller zurück.

»Der war noch von Oma«, sagte sie vorwurfsvoll. »Und die eingezuckerten Johannisbeeren liegen in der Koje.«

»Das ist unser Opfer an den Meeresgott«, kicherte ich.

»Tscha«, sagte Oskar, »an Bord muß man alles festbinden.«

»Seht mal, mein Tintenfisch«, sagte ich.

Die Wolke war näher gekommen. Es schien, als würde sie immer größer.

»In zwanzig Minuten haben wir ein Gewitter«, sagte der Doktor für Meteorologie im amtlichen Ton. »Ich schlage vor, wir suchen uns am Ufer ein ruhiges Plätzchen und warten ab.«

»Ha«, schrie Oskar, »jetzt, wo ER gerade bläst, sollen wir die Segel streichen! Keinesfalls!«

»Wenn's aber doch Gewitter gibt«, unterstützte ich Mutter vorsichtig.

»Das Gewitter treibt ab!« meinte Oskar. »Ich habe meinen Riecher. Auf die Wetterfrösche darf man sich nicht verlassen. Wißt ihr noch, Ostern vor zwei Jahren? Da haben sie Sonnenschein angesagt, und was war? Regen. Oder denkt mal an Weihnachten vor drei Jahren! Ich ziehe mir einen Pelz an, als ob ich zum Nordpol führe ... ha, und dann waren sieben Grad Wärme ...«

»Also gut«, sagte der Doktor, »es gibt kein Gewitter ...«, und zog sich ihr Regenzeug an.

Ich blieb unentschlossen sitzen. Einerseits hatte ich Angst vor dem Gewitter, andererseits wollte ich Oskar nicht im Stich lassen.

Wir sausten über die Havel wie der Fliegende

Holländer. Der Kirchturm lag bald hinter uns, daß heißt achternaus. Das Wasser hatte ein merkwürdiges Aussehen bekommen. Es war rabenschwarz, und die Wellen trugen Schaumkronen. Plötzlich blitzte es.

»Wetterleuchten«, sagte Oskar ein wenig unsicher.

Schlagartig setzte Regen ein.

Wir konnten kaum ein Stück vom Festland sehen, obwohl wir ganz in der Nähe des Ufers segelten.

»Leinen los!« rief Oskar und drehte unseren Kahn in den Wind. Das Segel flatterte, und der Großbaum schlug wie ein wildes Pferd um sich.

»Segel bergen!« brüllte er. Der Doktor und ich zerrten das Segel vom Mast. Es war klitschnaß. Oskar warf den Anker.

»So«, sagte er befriedigt, »jetzt kann uns nichts mehr passieren.«

Wir deckten das Boot mit der Plane zu. Auch das war nicht ganz einfach. Der Sturm versuchte, uns die Plane aus den Händen zu reißen.

Ohne Segel schaukelte das Boot fürchterlich. Und ich war sehr froh, daß wir in der Nähe des Ufers lagen.

Der Doktor war schon unter Deck.

»Mann, Oskar, wir treiben!« sagte ich.

Die »Pütz« fuhr wirklich ohne Segel mit beachtlicher Geschwindigkeit über das Wasser.

»Der Anker hat nicht gehalten. Nannerl, los, ans Ruder. Wir müssen das Boot hinter die Schilfinsel am anderen Ufer steuern.«

Nun hockte ich am Ruder und konnte nichts sehen, weil wir das Boot mit der Plane abgedeckt hatten.

Ab und zu hörte ich Oskars Stimme durch das Wüten des Gewitters: »Mehr backbord, jetzt steuerbord ...«

Wenn ich die Geschichte von Timm nicht gekannt hätte, wäre ich aufgeschmissen gewesen. Aber meine linke Backe brannte, als hätte ich eine Ohrfeige bekommen. Da war Backbord.

Schließlich wurde unsere Fahrt ruhiger. Oskar hatte im Windschatten der Schilfinsel den Anker noch einmal ausgeworfen. Er kam nun auch unter die Plane.

»Ach ja«, sagte der Doktor in der Kajüte. »Gottlob haben wir einen klugen Kapitän, der einen Riecher fürs Wetter hat.«

Das traf Oskar.

»Man darf sich doch mal irren«, brummelte er und schüttelte sich wie ein Hund, der ins Wasser gefallen ist.

Der Doktor reichte uns eine Tasse heiße Brühe.

»Mann, Mutter, wie hast du das bei der Schaukelei fertigbekommen!« sagte ich bewundernd.

»Bin schließlich der Smutje hier an Bord«, sagte sie stolz.

Ich wollte aufspringen, um sie zu umarmen. Aber meine Waden klebten an der Holzverkleidung der Koje fest. Ich fiel wieder zurück aufs Schaumgummipolster.

Einen Augenblick dachte ich, der Klabautermann hielte mich fest. Dann begriff ich, daß es die eingezuckerten Johannisbeeren waren.

9

Oskar erzählt,
wie laut die Totenstille sein kann, und
er gewöhnt dem Nannerl durch eine
wahre Spukgeschichte das Gruseln ab

Es war Nacht. – Die erste Nacht, die wir auf unserem Boot verbrachten.

In der Kajüte roch es nach dem Öl der Petroleumlampe. Sie war erst vor kurzem gelöscht worden. Der Docht glimmte noch in der Dunkelheit wie ein Glühwürmchen.

Unser Doktor wälzte sich unruhig in der Koje.

»Oskar, erinnerst du dich noch an die herrlichen Betten im Prager Hotel ›Ambassador‹? Dort schlief man wahrhaftig wie auf Wolken gebettet.«

»Na«, sagte ich, »auf den Wolken möchte ich nicht liegen. Das muß ekelhaft naß sein. Du als Doktor der Meteorologie müßtest das doch wissen! Hier in den Kojen liegen wir wenigstens trocken.«

»Trocken wohl, aber so hart wie auf einem Steinfußboden! Diese Nacht über werde ich wohl keine Auge zumachen.«

Nun ließ sich Nannerl aus ihrer Koje im Vorschiff hören: »Also, ich habe seit zweitausend Jahren nicht besser gelegen als in dieser Koje. Ich werde hier schlafen wie drei Bären.«

Nannerl übertrieb ja wieder einmal außerordentlich. Darum sagte ich: »Ich werde jedenfalls hier wie ein gesunder Mensch schlafen, und das genügt mir!«

»Ach«, stöhnte der Doktor, »ihr seid wirklich zu beneiden!«

Dann herrschte Stille an Bord. Totenstille!

Hat schon jemand Totenstille erlebt?

In dieser Totenstille hörte ich zuerst einen ganz feinen Summton. Mal kam er näher, mal entfernte er sich wieder. Aber dann spürte ich dort, wo früher einmal Haarwellen gewesen waren, als ich noch Haare hatte, einen Schmerz.

»Patsch«, schlug ich mit der Hand auf meinen eigenen Kopf. Nun summte es wieder. Aber zu dem hohen Ton war noch ein tiefer hinzugekommen. Es dauerte nicht lange, da erschien es mir, als würde ein ganzer Chor summen. Mein armer Kopf würde morgen gewiß wie eine Hügellandschaft aussehen, soviel Mücken stachen mich.

Etwa nach einer Stunde hatten sich die Mücken satt getrunken und versanken in tiefen Schlaf.

Nun konnte ich endlich einschlafen.

Wenn nur nicht irgend etwas gepfiffen hätte! Es pfiff ganz regelmäßig im Rhythmus des menschlichen Atems. – Ja, das war es!

»Nannerl«, sagte ich, »dreh dich doch bitte mal auf die andere Seite!«

»Für einen Kapitän gibst du wirklich seltsame Befehle«, sagte sie hellwach.

Es war also der Doktor. Ich griff mit dem Arm nach Gerdas Koje und stieß sie an. Sie drehte sich auf die andere Seite und murmelte dabei: »Steward, bitte bringen Sie mir das Frühstück ans Bett.«

Natürlich träumte sie von einer Fahrt mit einem Luxusdampfer. Immerhin pfiff sie nun nicht mehr.

»Tam«, ging es. Und nach einer Weile wieder: »Tam.« Irgend etwas klapperte draußen.

Ächzend kletterte ich aus meinem Schlafsack und schlüpfte von der Plicht aus durch einen Spalt in der Plane ins Freie. Ich tapste vorsichtig die Reling entlang zum Mast. Eines der Taue war nicht festgezogen. Der Wind schlug es in regelmäßigen Abständen gegen den Mast. Ich zurrte es fest.

Kaum hatte ich mich in die Koje gewälzt und den Reißverschluß des Schlafsackes zugezogen, da machte es wieder: »Tam.«

Natürlich, ich hatte das falsche Tau erwischt.

Noch ein anderes Geräusch war hinzugekommen. Es hörte sich an, als würde ein nasser Sack über Deck geschleift.

»Oskar«, hörte ich Nannerls aufgeregte Stimme, »da ist wer an Bord.«

»Unsinn! Ich denke, du schläfst wie drei Bären!«

»Du, Oskar, wenn es den Klabautermann geben würde, hätte er dann einen langen Mantel an?«

»Wieso?«

»Hör doch mal, da geht einer mit 'nem langen Mantel übers Deck.«

»Schlaf wenigstens wie *ein* Bär«, sagte ich.

Nach einer Weile hörte ich wieder Nannerls Stimme, diesmal sehr kläglich: »Oskar, ich graule mir so!«

»Nannerl, wahrscheinlich macht dich der Petroleumgestank etwas wirr. Schlaf, du mußt dich daran gewöhnen! Außerdem heißt es, ich graule mich!«

Nach weiteren fünf Minuten sagte Nannerl: »Oskar, ich graule mich!«

Da hatte ich nun meine Totenstille!

»Zieh dir einen Trainingsanzug an! Wir gehen an die Luft!«

»Was denn … raus … Nein, Oskar, das nicht!«

Aber als ich aus der Kajüte stieg, kam sie nach.

Wir schlugen die Plane in der Plicht zurück.

Der Mond ging auf dem Schilf, das leise hin und her wogte, spazieren. Kleine Wellenzungen leckten sanft an unserem Boot. Plötzlich klatschte dicht neben der Bordwand etwas ins Wasser. Nannerl drängte sich zitternd an mich.

»Das war er«, stieß sie hervor, »der Klabautermann!«

»Aber Nannerl, Klabautermänner gibt es doch überhaupt nicht!«

»Das weiß ich«, sagte sie, »aber trotzdem habe ich Angst vor dem Klabautermann.«

Nun spritzte das Wasser ganz in der Nähe unseres Bootes auf. Wir sahen in dem Augenblick eine silberne Fischhaut im Mondlicht aufleuchten. Der Fisch hatte vielleicht ein Insekt gefangen und fiel klatschend zurück in die Havel.

Nannerl lachte nun vor Vergnügen.

»Großer Häuptling, der kann springen!«

Wir entdeckten auch, was sich wie ein Sack, der übers Deck geschleift wurde, angehört hatte: Es war ein Schilfhalm, der an der Bordwand scheuerte. Ich atmete tief durch, es roch nach Wasser, Fischen und gemähtem Gras.

»Trotzdem«, meinte Nannerl, »irgend etwas muß doch dran sein am Klabautermann und an den Gespensterschiffen. Die alten Seefahrer haben dran geglaubt. Und ich kann mir nicht denken, daß die alle feige waren oder ängstlich?«

Bevor ich Nannerls Frage beantwortete, setzte ich meine Tabakspfeife in Brand.

»Ängstlich oder feige waren sie nicht, darauf kannst du Gift nehmen. Man muß schon eine Portion Mut haben, wenn man mit einem Segelschiff den Stillen Ozean überqueren will. Selbst die größten Schiffe von damals waren, am Ozean gemessen, nicht größer als eine Stecknadel in einem unserer großen Havelseen. Und viel wissen mußten sie auch, denn sonst hätten solche Seefahrer wie Kolumbus nicht Amerika entdeckt.«

»Wenn man was entdecken will, muß man doch nicht klug sein, Oskar«, widersprach Nannerl.

»Doch, Nannerl, Menschen, die nichts wissen, entdecken nichts. Denk doch mal, wovon die alles eine Ahnung haben mußten: vom Schiffsbau, von den Segeln, von Stürmen und Meeresströmungen, von der Geographie, von der Sternenkunde ...«

»Wieso Sternenkunde?«

»Am Tage bestimmten die Schiffe ihren Kurs nach der Sonne und in der Nacht nach den Sternen. Die alten Seefahrer waren nicht auf den Kopf gefallen. Nur vieles, was ihnen begegnete, konnten sie sich nicht recht deuten. Und nun will ich dir eine Spukgeschichte über ein Gespensterschiff erzählen.«

»Ich denke, so etwas gibt es nicht, Oskar.«

»Nein«, sagte ich, »Gespensterschiffe gibt es nicht, darum will ich ja eine wahre Spukgeschichte erzählen.«

»Na, Oskar, du flunkerst ganz schön. Aber wenn du mir versprichst, daß ich mich nicht zu sehr grusele, dann erzähl sie!«

Nannerl tat so, als würde es für sie ein großes Opfer bedeuten, mir zuzuhören. Dabei wußte ich, daß sie vor Spannung fast fieberte.

»Ich will von einem Schiffsjungen namens Roger aus Marseille erzählen. Er war fünfzehn Jahre alt. – Ein Junge wie viele andere, die hinter jeder ganz gewöhnlichen Sache immer ein großes Abenteuer wittern. Unser Roger heuerte auf dem Dampffrachter ›Fripon‹ an. Als das Schiff den Hafen verlassen hatte, dachte Roger, jetzt sollte das Abenteuer beginnen. Statt dessen drückte ihm der Bootsmann einen Feudel in die Hand und sagte: ›Schrubb mal ordentlich das Deck, mein Junge.‹ Roger wartete nun jeden Tag auf das Abenteuer, aber statt dessen mußte er die Dreckarbeit übernehmen. Wenn er etwas nicht gründlich tat, dann bekam er eins mit dem Tauende übergezogen. Manchmal schlich sich Roger auf die Kommandobrücke und stellte sich vor, er wäre der Kapitän. Aber wenn er beim Träumen entdeckt wurde, bekam er einen Fußtritt.

Dann wieder schlich er sich in den Maschinenraum und betrachtete mit Staunen die riesigen Kolben der Maschine, die das Schiff vorwärts trieben. Manchmal legte er auch die Hand an den Regler. Der Regler bewirkte, wenn man ihn bewegte, daß das Schiff schnell oder langsam fuhr, stoppte oder rückwärts lief. Roger bildete sich für Minuten ein, er sei der Chefingenieur und seiner Hand gehorchte das ganze Schiff. Häufig wurde er von einem Schraubenschlüssel wachgerüttelt, der, vom Chefingenieur geschleudert, dicht neben Roger an die Wand flog.

Eines Tages meldete man dem Kapitän: ›Wasser im Laderaum.‹

Damit begann Rogers richtiges Abenteuer. Der Kapitän ließ die Motorpumpen in Gang setzen. Aber obwohl die Pumpen ununterbrochen arbeiteten, stieg das Wasser im Laderaum von Stunde zu Stunde. Der Schiffszimmermann fand schließlich ein großes Leck. Aber es war zu groß, um es mit den primitiven Mitteln an Bord reparieren zu können.

Der Kapitän rechnete sich aus, daß die ›Fripon‹, wenn das Wasser weiterhin so schnell stieg, keinen Hafen mehr erreichen würde. Die einzige Hoffnung war, einem anderen Schiff zu begegnen, das die Mannschaft übernahm. Zu allem Unglück kam Nebel auf. Das Nebelhorn der ›Fripon‹ heulte. Roger hatte zwar gehört, daß es Wasser im Laderaum gab. Er wußte jedoch nichts von der ernsten Gefahr, die dem Schiff drohte. Und nach wie vor mußte er alle Dreckarbeiten an Bord verrichten. – Der Kapitän atmete erleichtert auf, als im Nebel die Glocke eines Lastenseglers ertönte. Die beiden Schiffe näherten sich vorsichtig auf Sichtweite, und der Kapitän gab den Befehl, die Maschinen zu stoppen und die Boote klarzumachen.

Zu dieser Zeit befand sich Roger wieder einmal unerlaubt im Maschinenraum. Als der Chefingenieur hereinstürzte, um die Maschine zu stoppen, gelang es Roger, sich zu verstecken. Er war froh, daß der Chefingenieur ihn nicht entdeckt hatte. Es verwunderte ihn nicht im geringsten, daß die Maschine gestoppt wurde, denn das war in den letzten Stunden häufiger vorgekommen. Der Kapitän hatte mehrmals geglaubt, die Signale eines anderen Schiffes zu vernehmen. So konnte Roger selbstvergessen vor dem Regler stehen und träumen, er sei der Chefingenieur. Inzwischen suchte man nach ihm. Schließlich gab man es auf. Die Boote mußten ins Wasser, denn der Segler trieb immer weiter ab.

Für Roger wurde die Versuchung größer und größer, den Regler wirklich einmal zu betätigen. Schließlich hielt er es nicht mehr aus und schaltete auf ›volle Kraft voraus‹! Ihm war alles egal. Mochte man ihn prügeln, oder sollte man noch so große Schraubenschlüssel nach ihm schleudern, einmal mußte er den Dampfer beherrschen! Zu seiner größten Verwunderung kam weder durch das Sprachrohr von der Kommandobrücke ein saftiger Fluch, noch flog der Schraubenschlüssel des Ingenieurs durch die Luft.

Roger kam die Sache sehr seltsam vor. Noch seltsamer wurde ihm, als er im Kesselraum keinen der Kohlentrimmer vor den Feuerlöchern fand.

Er kletterte schnell die Stiegen zum Deck hinauf. Es war wie ausgestorben. Roger stürzte von unheimlicher Angst gepackt auf die Kommandobrücke. Auch sie war verlassen.

Doch das Feuer in den Kesseln reichte noch aus, den Dampfer mit großer Geschwindigkeit vorwärts zu bewegen.

Eigentlich erfüllte sich Rogers Traum. Er war Chefingenieur, und er war Kapitän. Doch Roger berührte das Steuerrad lustlos. Das Schiff ging auf einen kreisrunden Kurs. Roger fand keine Freude mehr am Spiel. Er hatte nur noch Angst.

Plötzlich tauchte steuerbords ein riesiger Schatten aus dem Nebel auf – das Segelschiff, auf das sich die Mannschaft der ›Fripon‹ gerettet hatte. Roger begriff, dieses Schiff konnte seine Rettung werden. Er mußte die ›Fripon‹ nur irgendwie zum Stehen bringen.

›Maschine stopp!‹ brüllte er in das Rohr, das in den Maschinenraum führte. Aber dort unten war ja niemand. Und bevor Roger den Maschinenraum erreichen würde, wäre das Segelschiff schon wieder im Nebel verschwunden.

Auf dem Segelschiff herrschte große Aufregung. Die Mannschaft der ›Fripon‹ hatte ihr Schiff erkannt. Beide Mannschaften standen an Deck und blickten schweigend auf die Umrisse der ›Fripon‹. Und der Segelmacher sprach aus, was alle dachten: ›Der Kahn ist ein Gespensterschiff.‹

Plötzlich fiel jemandem ein, daß ›Fripon‹ Schalk oder Narr hieß. Und der Kapitän, der sich immer wieder darüber Gedanken gemacht hatte, ob er nicht das Schiff mit der Mannschaft zu früh verlassen hatte, sagte schuldbewußt: ›Der Dampfer will sich rächen, weil wir ihn im Stich gelassen haben.‹

Roger hockte hoffnungslos auf der Kommandobrücke. Ihm wurde klar, er war verloren.

Das Schiff lief inzwischen weiter auf seinem kreisrunden Kurs. Darum war es nicht verwunderlich, daß die ›Fripon‹ nach kurzer Zeit abermals an dem Segelschiff vorüberfuhr. Diesmal berührten sich die Schiffe sogar. Nur dem geschickten Manövrieren des Segelschiffkapitäns war es zu verdanken, daß der Dampfer das Segelschiff nicht in den Grund bohrte.

Roger hatte den Dampfer wieder nicht zum Stehen gebracht, weil das erneute Auftauchen des Seglers für ihn ebenfalls eine Überraschung war.

Er brüllte laut von der Brücke: ›Helft mir! Helft mir!‹ Die Matrosen hörten diesen Schrei undeutlich und sie bekamen vor Schreck Gänsehaut. Der Segelmacher behauptete sogar, auf der Kommandobrücke den Fliegenden Holländer gesehen zu haben, der für ein besonders gräßliches Gespenst gehalten wurde. Roger begriff, die ›Fripon‹ brachte das Segelschiff in Gefahr. Er bewegte das Steuerrad, und der Dampfer schlug einen anderen Kurs ein. Nach einiger Zeit verrin-

gerte sich die Fahrt des Dampfers, und schließlich blieb die Maschine stehen. Der Dampfdruck
reichte nicht mehr aus. In der Nacht sank das
Schiff.

Roger trieb, an ein Ölfaß geklammert, ein paar
Stunden auf dem Ozean. Dann wurde er von einem portugiesischen Fischer gesichtet und an
Bord geholt. – Die Besatzungen der ›Fripon‹ und
des Segelschiffes erzählten in jeder Hafenkneipe
die schreckliche Geschichte vom Gespensterschiff ›Fripon‹. Und weil die meisten Seeleute
ausgezeichnet erzählen können, standen den Zu-
hörern vor Angst und Schrecken die Haare zu
Berge.«

Nannerl sagte in merkwürdig schläfrigem Tonfall: »Oskar, ich glaube, ich bin müde.«

Sie gähnte und legte ihren Kopf an meine Schulter.
Wenige Sekunden später war sie eingeschlafen.
Ich rüttelte sie.

»Nannerl, du mußt doch erst in deine Koje klettern!«

Aber sie schlief wirklich wie drei Bären.

Behutsam schleppte ich sie in die Kajüte und riß
dabei allerlei um.

Unser Doktor, der die ganze Nacht kein Auge
schließen wollte, pfiff wieder in tiefem Schlaf
laut vor sich hin.

10

Nannerl erzählt,
wie der schweigsame Mathematiker
Archimedes durch einen Fischer und
einen Doktor zum Randalieren bewegt wird

»Reise, reise!« hörte ich Oskar um sechs Uhr früh rufen. Das war ein alter Weckruf auf Segelschiffen.

Am liebsten wäre ich in meiner Koje geblieben. Ich hörte, wie sich unser Doktor murrend auf die andere Seite drehte.

Plötzlich, als ich schon wieder im Halbschlaf war, sagte Oskar:

»Also gut, wenn von euch beiden niemand aufstehen will, dann gehe ich als erster ins Badezimmer.«

Mit einem Ruck war ich hoch und stieß mit dem Kopf gegen einen Decksbalken.

Meine Mutter war ebenfalls aufgesprungen. Wir sahen uns verdutzt an und hörten Oskars zufriedenes Lachen. Bei uns zu Hause rannten nämlich beim ersten Weckerklingeln Oskar, der Doktor und ich zum Badezimmer. Jeder wollte der erste sein. Wenn der Doktor es wirklich einmal schaffte, hatten Oskar und ich den Schaden. Der Doktor benötigte jeden Morgen etwa siebenundzwanzig Stunden zum Waschen.

»Meine Damen«, sagte Oskar mit der Miene eines Stewards auf der Hamburg–Amerika–Linie, »das Bad ist gerichtet.«

Er deutete auf die Havel, über der ein dünner Dunstschleier lagerte.

Es dauerte ein paar Minuten, dann standen wir alle drei zitternd auf dem Heck unseres Bootes und stritten uns, wer zuerst in die Fluten sprang. Ich schrie laut: »Hurrrah ...« und sprang. In letzter Sekunde umarmte ich Oskar und den Doktor und riß sie mit hinein.

Das Wasser war angenehm warm.

Leute, das müßt ihr einmal probieren – morgens vor dem Frühstück baden!

Die Havel ist dann spiegelglatt. Und überall hokken Angler in Kähnen. Sie haben lange Stangen in den Grund gerammt und daran ihre Boote festgebunden. Über den Bäumen am Ufer taucht so ein Ding auf und sieht aus wie eine Tomate. Das ist unsere Sonne. Sie klettert schnell höher und höher. Und wenn ihr über die Strickleiter an Bord gekommen seid, dann habt ihr Hunger wie ein Saurier.

Nach dem Frühstück legten Oskar und ich den

Mast des Bootes. Vor uns lag nämlich eine lange Kanalstrecke. Leider darf man auf den Kanälen nicht segeln. Das würde die Berufsschiffer behindern. Außerdem spannen sich alle paar Kilometer Brücken über die Wasserstraße. Unser Boot paßt im Leben nie durch so eine Brücke, wenn der Mast nicht gelegt wird.

Schließlich lag der Riesenprügel auf dem Boot, schaute sogar noch ein ganzes Stück über das Heck. Wir verhedderten uns in den verschiedenen Tauenden, die dem Mast beim Segeln die notwendige Stabilität geben, die aber jetzt lasch und beinahe unentwirrbar wie Spaghetti herumhingen.

Es dauerte eine Weile, bis wir die Spaghetti geordnet hatten. Am Heck unseres Bootes war der Motor befestigt. In großen Buchstaben stand der Name »Archimedes« auf dem Benzintank.

Archimedes hieß ein berühmter Mathematiker im alten Griechenland. Frau Babelkau, unsere Mathelehrerin, hatte uns über ihn eine Geschichte erzählt.

Dieser Archimedes lebte zur Zeit des Königs Hiero II. von Syrakus. Damals herrschte eine komische Hutmode. Die Könige trugen auf dem Kopf eine Krone. Ich finde das nicht sehr nützlich, denn den Regen kann so eine Krone nicht abhalten. Und wenn es draußen kalt war, haben den Königen und Königinnen die Ohren bestimmt gefroren. Aber am schlimmsten muß das Gewicht dieser komischen Hüte gewesen sein, denn sie waren aus Gold. Gold ist beinahe das schwerste Metall, schwerer als Aluminium oder Silber. Legt euch mal zwei Ziegelsteine auf den Kopf und geht damit spazieren. So schwer müssen die Kronen gewesen sein. Dieser Hiero II. von Syrakus hatte sich beim Juwelier eine Krone anfertigen lassen. Er vermutete, der Juwelier habe ihn betrogen, indem er statt des puren Goldes Silber untergemischt hätte. Wie sollte man das herausbekommen? Man wußte zwar, wieviel ein silberner oder ein goldener Würfel von bestimmter Größe wog. Aber so eine Krone ist eben kein Würfel.

Wenn so ein König ein Problem hatte, dann dachte er nicht lange nach, sondern er beauftragte jemanden, über das Problem nachzudenken.

König Hiero beauftragte also Archimedes, er sollte ausrechnen, ob für die Krone nur Gold verwendet worden war.

Der betrachtete die Krone lange, bohrte ein bißchen in der Nase, denn Taschentücher kannte man damals noch nicht, und kam zu der Erkenntnis, daß dies ein schweres Problem wäre. Aber das Problem interessierte ihn, und er wollte nicht davon ablassen. Er dachte im Dunkeln darüber nach und im Hellen. Er ging spazieren. Er zerkaute an die zwanzig Griffel, aß kaum etwas und trank auch nichts. Seine Haare wuchsen immer länger, und sein Bart glich einem Brombeergestrüpp. Er wusch sich wochenlang nicht und roch ekelhaft. Nur dem Geheimnis der Krone kam er nicht näher. Die Frau des Archimedes ärgerte sich über ihren verwahrlosten Mann. Eines Tages hatte sie genug. Sie goß Wasser in einen hölzernen Zuber und sagte zu Archimedes: »Krone hin, Krone her, jetzt wird gebadet, oder du mußt dir eine andere Wohnung suchen!«

Da blieb dem armen Archimedes keine Wahl. Er mußte sich ausziehen und in den Zuber steigen. Seine Frau dachte, je mehr Wasser in dem Zuber ist, desto sauberer wird dieses Ferkel von einem Mathematiker. Darum füllte sie den Zuber bis zum Rand. Als Archimedes in sein Bad stieg, lief eine Menge Wasser aus dem Zuber und überschwemmte die Küche. Archimedes sprang wie von einem Seeigel gestochen aus dem Zuber, der jetzt nur noch halbvoll war. Er schlug sich an die Stirn und begriff, daß gerade so viel Wasser aus dem Zuber gelaufen war, wie sein Körper Raum benötigte. Wenn man also die Krone in den vollen Zuber steckte und das überlaufende Wasser auffing und abmaß, wußte man, wieviel Raum die Krone einnahm. Dann brauchte man nur noch zu vergleichen, ob der Rauminhalt der Krone dem Gewicht des Goldes entsprach!

»Heureka«, rief Archimedes, das bedeutet soviel wie »Ich hab es«, und rannte, so nackt wie er war, durch die Stadt zum Palast des Königs Hiero II. Wer weiß, was es für einen Ärger gegeben hätte, wenn nicht die Frau des Archimedes mit seinen Hosen und seinem Hemd hinterhergelaufen wäre. Sie holte ihn kurz vor dem Eingang des Palastes ein und zwang ihn, sich anzuziehen.

Wenn die Ferien vorüber sind, werde ich Frau Babelkau erzählen, daß unser Motor »Archimedes« heißt, dachte ich.

Trotzdem, »Archimedes« war ein seltsamer Name für einen stinkigen Benzinmotor.

Mir fiel noch etwas ein. Frau Babelkau hatte erzählt, daß dieser Archimedes eine Schiffsschraube erfunden haben sollte. So seltsam war der Name also doch nicht.

Unser Motor sah aus wie ein Raumschiff von einem entfernten Planeten. Es gab da Hebel und Häkchen, Zahnräder und Rohrleitungen. Wie sollte Oskar, mein Vater, unser Kapitän, damit zurechtkommen!

Oskar machte einen optimistischen Eindruck. Er kniete auf dem Heck. Mit der rechten Hand wikkelte er ein dünnes Seil um eine Schwungradscheibe. Der Doktor und ich hielten uns etwas abseits und schauten ihm erwartungsvoll zu. In wenigen Sekunden würden wir starten. Oskar holte tief Luft und riß an dem Seil. Das Schwungrad drehte sich, blieb aber sofort wieder stehen.

»Beim ersten Mal kann er überhaupt nicht anspringen«, sagte ich, um Oskar aufzumuntern. »Denk doch mal, wie lange der alte Archimedes brauchte, um die Sache mit der Krone herauszubekommen!«

»Ganz ruhig bleiben!« empfahl der Doktor.

Nachdem Oskar das zehnte Mal erfolglos an dem Seil gezogen hatte, sagte ich: »Das hat überhaupt noch nichts zu bedeuten!«

Oskar machte ein Gesicht, als hätte er Seifenlauge getrunken. Ich traute mich nicht, ihn anzusehen. In der Ferne sah ich einen Fischer, der die Fischreusen ausnahm. Er fuhr mit einem schwarzen, klobigen Holzboot von einer Reuse zur anderen. Jedesmal warf er mit einer kurzen, ruckartigen Bewegung seinen Motor an.

Oskar schraubte nun schon zum zweiten Mal die Zündkerzen heraus und säuberte sie.

Trotzdem, der alte Mathematiker schwieg.

Der Fischer kam inzwischen immer mehr in unsere Nähe.

Nachdem Oskar zum fünfzigsten Mal erfolglos an dem Seil gezogen hatte, verfärbte sich seine Glatze rot.

Der Doktor blickte intensiv in die mehrseitige Gebrauchsanweisung.

»Willst du mich mal an den Motor heranlassen?« fragte meine Mutter plötzlich.

»Du?« schrie Oskar aufgebracht. »Du willst das Ding in Gang bringen?« Er lachte künstlich.

»Dieses Ding wird kein Mensch mehr zum Leben erwecken«, schrie er. Und riß den Motor aus seiner Halterung. »Diesen miserablen Schrotthaufen kann man nur noch ins Wasser werfen!«

Mutter und ich schwiegen vor Schreck. Wir sahen seinem Gesicht an, daß Oskar im nächsten Augenblick den alten Mathematiker versenken würde.

»Morgen«, sagte plötzlich eine Stimme.

Wir drehten uns um. Der Fischer war unbemerkt längsseits gekommen.

»Morgen«, sagten wir alle zusammen.

Oskars Gesichtsfarbe wurde etwas heller.

Der Fischer deutete auf Archimedes und sagte: »Will wohl nicht, der alte Schlorren!«

Oskar schüttelte verzweifelt den Kopf.

Der Fischer trieb näher heran und beugte sich von seinem Boot aus über unseren Motor. Die Fältchen um seine Augen zogen sich glatt.

Ich schaute derweil in sein Boot.

Dort lagen sie, die Fische unserer Havel: Aale, Hechte, Plötzen, Rotfedern, Schleie, Bleie, Barsche und Zander.

Die zappelnden Fische glitzerten im Sonnenlicht.

»Hat er einen Funken?« fragte der Fischer.

Oskar nickte.

Der Fischer drehte an einem kleinen Hahn, dann wickelte er das Seil um die Schwungradscheibe und zog kräftig.

Ohrenbetäubendes Geheul erfüllte die Luft.

Unser alter Mathematiker konnte randalieren! Er machte auch Qualm.

»Heureka!« rief ich.

Der Fischer ließ den Motor ein Weilchen laufen, dann stellte er ihn ab.

»Lieber Mann«, sagte er zu Oskar, »haben Sie schon mal ein Pferd gesehen, das ohne Futter auskommt? Sehen Sie, so ist das mit einem Motor. Der braucht Benzin. Wenn Sie aber den Ben-

zinhahn nicht aufmachen, dann verreckt er Ihnen. Sie sehen ja, der Motor ist einwandfrei.«
Oskar kratzte sich verlegen hinter dem Ohr.
Der Fischer lachte.
Ich hätte am liebsten mitgelacht. Aber irgendwie tat mir Oskar ein bißchen leid.
»Einwandfrei«, sagte der Fischer noch einmal.
Der Doktor reichte dem Fischer eine Tasse heißen Kaffee.
»Nanu«, sagte der Fischer, trank aber.
Als er die Tasse geleert hatte, sagte er: »Der Kaffee ist einwandfrei! Essen Sie Fisch?«
»O ja«, rief der Doktor.
Da griff der Fischer in den Kahn und hielt einen großen Schlei an den Kiemen in die Höhe.
»Na«, sagte er, »einwandfrei, was?«
Wir nickten, Oskar griff nach seiner Geldbörse.
Der Fischer winkte ab. »Bin heute in Geberlaune, lieber Mann. Einwandfrei!« Er warf den Fisch zu uns ins Boot. Dann knatterte sein Motor, und er entfernte sich schnell mit seinem Kahn. Der Schlei schlug mit dem Schwanz um sich. Oskar und ich versuchten, ihn zu greifen. Er rutschte uns immer wieder durch die Finger. Der Doktor packte ihn mit einem Lappen und steckte den Fisch in einen Eimer mit Wasser. Dort schwamm er nun.

»Schlei, gebraten, mit Kartoffeln gibt es zum Mittagessen«, verkündete der Doktor.

Oskar holte den Anker auf. Es hingen Wasserpflanzen daran. Oskar hielt sie empor und rief: »Salat haben wir auch!«

Unsere »Pütz« trieb langsam auf den See hinaus.

»Volle Kraft voraus!« rief Oskar fröhlich und riß an der Leine unseres Motors. Aber der alte, weise Archimedes schwieg.

Oskars Glatze rötete sich diesmal nach dem fünften Versuch.

Der Doktor griff unerwartet ein.

»Oskar, geh zur Seite!« sagte meine Mutter im Tonfall eines Admirals.

»Bitte sehr«, rief Oskar ärgerlich. »Bitte, du wirst schon sehen!«

Er setzte sich trotzig auf die Bank und streckte sich scheinbar behaglich in der Plicht aus.

Der Doktor schloß den Benzinhahn und schraubte die Zündkerzen heraus. Dann zog sie mehrmals am Seil und schraubte die Zündkerzen wieder ein. Nun öffnete sie den Benzinhahn und zog kräftig an der Leine.

Der schweigsame Mathematiker wurde schlagartig gesprächig. Er puffte, knallte und begann dann, monoton zu rattern.

Oskar war aufgesprungen.

»Aber Dok ... Doktor, wie hast du das ge ... gemacht?« stotterte er.

»Ganz einfach«, antwortete der Doktor hochmütig. »Ich habe die Gebrauchsanweisung genau gelesen! Ein warm gelaufener Motor muß anders behandelt werden als ein kalter. Das Gas-Luft-Kraftstoff-Gemisch ...«

»He«, rief ich, »einer muß steuern. Wir fahren direkt in die Reuse.« Oskar riß die Pinne herum. Wir zogen knapp an einer Reusenstange vorüber.

»Geh du ans Ruder, Nannerl«, sagte Oskar.

Ich war mächtig stolz. Jetzt gehorchte das Boot allein mir.

Oskar umarmte den Doktor und küßte sie auf die Stirn. Das habe ich bisher nur zu Mutters Geburtstag erlebt.

»Einwandfrei!« sagte ich.

Weit weg von uns, am Ufer, stand ein Mann mit einem Fahrrad und fuchtelte wild mit den Armen in der Luft herum.

»Der sieht wieder wie dein Jugendfreund Eddi aus«, sagte ich zu Oskar.

»I wo, was sollte der hier!« antwortete mein Vater.

11

Oskar erzählt,
wie er beinahe zum Mörder wurde und
wie Nannerl durch den schwarzen Teufel
Mischa kennenlernt

Der Kanal war gerade wie ein Lineal. Wenn vor uns eine Brücke in Sicht kam, dauerte es eine Dreiviertelstunde, bis wir endlich hindurchtukkerten. Falls sich dann einer von uns dreien nach einer weiteren Dreiviertelstunde umdrehte, sah er noch dieselbe Brücke in der Ferne.
Wir bewegten uns mit beinahe kosmischer Geschwindigkeit vorwärts. – Sieben Kilometer pro Stunde. Die erste kosmische Geschwindigkeit, die benötigt wird, damit ein Raumschiff in die Erdumlaufbahn gelangt, beträgt auch sieben Kilometer. Allerdings in der Sekunde. Ich war froh, daß wir nicht sieben Kilometer in der Sekunde fuhren: Gewiß, wir hätten die Erde wie einen Globus betrachten können. Aber dafür konnte man manches andere von dort oben nicht sehen. – Die Rehe zum Beispiel, die aus einem Waldstück herausgesprungen kamen, oder die kleine Ringelnatter, die schwimmend den Kanal über-

wand. Wir hätten den Fischreiher nicht gesehen und die Transportschiffe aus Hamburg, Magdeburg, Szczecin und anderswoher. Zuerst zitterte Nannerl, wenn wir diesen Schiffen begegneten oder wenn sie uns überholten. Unsere »Pütz« nahm sich daneben wie eine Maus neben einem Elefanten aus. Später grüßte Nannerl die Schiffer jedoch, als sei sie selbst ein alter Seemann.

Als hinter uns ein anderes Segelboot in Sicht kam, wurde sie ganz aufgeregt. Wir wußten aber, daß es noch lange dauern würde, bis das andere Boot heran war.

Unser Schlei zog indessen in dem Blecheimer seine Kreise. Trotzdem war ihm die neue Umgebung verdächtig. Ab und zu versuchte er einen Sprung, um sich aus seinem Gefängnis zu befreien. Aber er schaffte es nicht, der Anlauf war zu kurz.

Je länger ich den Fisch betrachtete, desto mehr dauerte er mich. Vor seiner Gefangenschaft hatte er auf dem Grunde der Havel in alten Schuhen und versackten Kisten Versteck gespielt. Wenn ein Motorboot über ihn hinweggefahren war, hatte er gierig nach den Luftblasen des Propellers geschnappt.

Ganz bestimmt gab es auch eine Frau Schlei, die nun vergeblich auf ihn wartete.

Nannerl unterbrach mich in meinen Gedanken.

»Ich finde, der Schlei müßte Anton heißen«, sagte sie.

»Nein«, erwiderte ich, »meiner Ansicht nach sieht er mehr wie Fritz aus.«

Gerda saß mit einer Schürze in der Plicht und schälte Kartoffeln. »Egal«, sagte sie, ob Fritz oder Anton. Schmecken wird er jedenfalls.«

Nannerl und ich nickten zustimmend.

Dabei schauten wir einander nicht in die Augen.

Auch dem Nannerl tat der Schlei leid.

Gerda warf eben die letzte Kartoffel in den Topf, stand auf, trat vor den Blecheimer und sagte: »Deine Stunde ist gekommen, Anton-Fritz.«

Sie nahm das große Messer und begann es am Schleifstein zu wetzen.

»Mußt du den Fritz unbedingt vor unseren Augen schlachten?« sagte Nannerl.

»Ich?« rief sie. »Ich habe niemals im Leben irgendein Tier getötet. Ich werde es auch niemals tun! Das ist eure Aufgabe!«

Gerda drückte mir resolut das geschliffene Messer in die Hand. Ich hatte ebenfalls noch niemals ein Tier getötet.

Aber einer von uns mußte es doch tun. Wir wollten zu Mittag gebratenen Schlei essen. Ich befühlte die Klinge des Messers. Sie war scharf. Wenn ich es nicht tat, wie würde ich vor Nannerl dastehen! Darum gab ich mir Mühe, kaltblütig zu sein. Wie ein Mörder stellte ich mich mit gezücktem Messer vor den Blecheimer.

Mir war, als würde der Schlei gerade jetzt einen flehenden Blick zu mir hinaufwerfen.

»Habt ihr überhaupt Appetit auf Fisch?« fragte ich.

»Ich nicht«, sagte Nannerl schnell.

Der Doktor rief: »Aber Oskar, du weißt doch, wie gern ich im Restaurant Fisch esse! Erinnerst du dich nicht mehr an Nummer sechsundsechzig auf der Speisekarte im Gastmahl des Meeres – Hecht à la Toulouse?«

»Ich meinte«, sagte ich nachdrücklich, »ob du heute Fisch essen möchtest?«

»Ach, heute meinst du, heute möchte ich nicht unbedingt Fisch. Wir haben eine Büchse Schweinegulasch an Bord. Das könnten wir essen!«

»Einwandfrei«, rief Nannerl, »wir essen Schweinegulasch!«

Ich wußte, daß sie eigentlich nicht gern Schweinegulasch mochte. Jetzt schien es ihre Lieblingsspeise zu sein. Ich nahm den Eimer in die Hand und schüttelte das Wasser und den Schlei in großem Bogen über Bord.

»Leb wohl, Anton-Fritz«, rief ich, »und laß dich nicht wieder fangen!«

Während ich die Gulaschbüchse öffnete, machte ich mir ein paar Gedanken.

Manche Menschen sind komisch, dachte ich. Sie essen gern Fisch, aber sie können keinen Fisch töten. Statt dessen essen sie Gulasch von Schweinen. Die Schweine aber haben noch vor kurzer Zeit lustig in ihren Koben gequiekt. – Vielleicht sollte man sich nur von Obst und Gemüse ernähren! Bei dem letzten Gedanken stieg mir der Geruch von Fleisch angenehm in die Nase.

Inzwischen war das Boot, das wir seit langer Zeit gesehen hatten, herangekommen. Am Bug stand der Name »Santa Maria«. So hieß auch das Schiff, mit dem Kolumbus Amerika entdeckt hatte. An der Spitze der »Santa Maria« saß ein rabenschwarzer kleiner Hund. Sein Schwanzstummel wackelte aufgeregt hin und her. Und seine Augen leuchteten in der Sonne grün. Ein richtiger schwarzer Teufel!

Am Ruder des Bootes saß lässig ein Junge in Nannerls Alter. Der Vater und die Mutter des Jungen grüßten zu uns herüber.

Nannerl hob auch nach Seglerart die Hand und sagte: »Einwandfrei!«

Der Junge winkte zurück. Er hatte einen wilden blonden Schopf und im Gesicht viele Sommersprossen.

»Was ist einwandfrei?« fragte der Doktor.

»Das Boot natürlich«, sagte Nannerl. Sie schaute dabei weiter zu dem Jungen hinüber.

Und der Junge schaute zu ihr.

Was mochte Nannerl wohl denken?

Wahrscheinlich überlegte sie, was das wohl für ein Junge war. Ob er Bücher las und Fratzen schneiden konnte und ob er gern Fußball spielte. Mit Besorgnis sah ich, daß der Abstand zwischen unseren beiden Booten immer geringer wurde.

»Paß auf«, sagte ich. Schließlich hatte der Kapitän die Verantwortung. Und der Kapitän war ich!

Plötzlich jaulte der schwarze Hund auf und sprang mit einem gewaltigen Satz zu uns an Deck.

»Sascha!« brüllte der Junge, und seine Eltern fuchtelten wild mit den Armen in der Luft herum. Aber Sascha, der schwarze Teufel, sah sich nicht um, sondern kletterte schwanzwedelnd in unsere Plicht.

Nannerl umarmte ihn stürmisch. Dabei bewegte

sie unwillkürlich das Ruder. Unser Kahn machte so einen Schlenker, daß mir angst und bange wurde.

Inzwischen schimpfte der Kapitän der »Santa Maria« gehörig mit seinem Steuermann. Der zuckte aber nur einmal mit den Achseln. Genauso würde es Nannerl im umgekehrten Falle tun. Diese Kinder konnte man ausschimpfen noch und noch. Wörter rannen an ihnen herab wie Regen an einem Wettermantel.

»Entschuldigen Sie«, rief mir der Mann zu. »Wir nehmen Sascha an der Schleuse wieder an Bord.«

»Gut, gut«, rief ich.

So hatten wir einen Bordhund.

Als die »Santa Maria« allerdings stolz an uns vorüberzog, wimmerte Sascha kläglich, und wir hatten Mühe, ihn mit einer Bockwurst zu trösten.

Übrigens zog die »Santa Maria« ein kleines Beiboot hinter sich her. – Das war ein komisches, ekkiges Boot. Man konnte ein Segel daraufsetzen. Diese Boote heißen »Optimisten«. Ich habe sie schon segeln sehen.

Ein paar Minuten nach der »Santa Maria« erreichten wir den Bootssteg vor der Schleuse.

Die Ampel zeigte Rot. Wir mußten also warten, bis das große Eisentor gehoben wurde.

Sascha war, kaum daß wir uns dem Ufer genähert hatten, gesprungen. Er hatte sich aber in der Entfernung verschätzt und war ins Wasser geklatscht. Er erreichte schwimmend das Festland und sprang in übergroßer Wiedersehensfreude an der Besatzung der »Santa Maria« empor. Dann schüttelte er mehrmals sein nasses Fell aus. Das machte er so, daß seine Besitzer naß wurden. Mir kam das wie gerufen, denn aus irgendwelchen Gründen ließ sich unsere »Pütz« erst nach längerem Hin und Her am Ufer festbinden. Und vor den anderen Sportsfreunden wollten wir uns doch nicht blamieren.

Nannerl ging, als wir den Kahn endlich festgebunden hatten, zu dem Jungen.

Sie standen sich gegenüber und blickten sich an.

»Einwandfrei, der Hund«, sagte Nannerl.

»Dufter Knochen, möchtest du wohl haben, ej?«

Ich mochte solche Gespräche nicht anhören. Sie kratzten mir in den Ohren wie Sandpapier.

Der Kapitän der »Santa Maria« und ich begrüßten uns.

»Wir werden mal fragen, wann geschleust wird«, sagte er.

Wir gingen zusammen zum Schleusenwärterhaus.

Ein Mann mit der Schiffermütze harkte akkurat die Wege an der Schleuse. Neben ihm lehnte ein anderer in Gummistiefeln und blauer Montur auf dem Fahrrad. Sie unterhielten sich.

Der Kapitän der »Santa Maria« hustete, um sich bemerkbar zu machen.

»Alle zwei Stunden werden Sportboote geschleust«, sagte der Schleusenmeister. »Wir haben jetzt wenig Wasser. Aber Sie haben Glück. In einer halben Stunde schleuse ich einen Berufsschiffer.«

Wir kehrten mit dieser Nachricht zum Bootssteg zurück.

»Oskar«, rief der Doktor, »sollen wir hier ewig warten?«

Der Kapitän der »Santa Maria« blieb stehen. »Heißen Sie Oskar?«

»Ja«, sagte ich. »Ist das so merkwürdig?«

»Gewissermaßen«, sagte er nachdenklich. »Heute früh, als ich mir am Ufer die Füße vertreten wollte, kam ein Mann angeradelt, sprang vom Rad und sagte: ›Oskar, du befindest dich in akuter Lebensgefahr!‹ Dann sagte er: ›Ich habe Sie wohl verwechselt, Pardon!‹ Er schwang sich wieder aufs Rad und fuhr davon!«

»Eddi«, rief ich, »mein Freund Eddi!«

»Sagen Sie, ist dieser Eddi vielleicht ein bißchen plemmplemm?«

»Nein«, sagte ich, »der ist nur ein bißchen komisch!«

Welche Lebensgefahr sollte uns drohen?

Ich wurde unruhig.

Nannerl und der Junge saßen im Gras. Zu ihren Füßen ließ sich Sascha, der schwarze Teufel, von der Sonne trocknen.

»Wetten, du gehst in die Kopernikus-Oberschule«, sagte der Junge. Nannerl nickte.

»Habe dich schon anvisiert«, fuhr der Junge fort. »Jeden Mittwoch gehe ich dort vorbei, wenn ihr Sport habt.«

»Komisch«, sagte Nannerl, »wieso hast du mich gerade anvisiert? Wir sind fünfzehn Mädchen in der Klasse.«

»Na, eben so! Wie heißt du eigentlich?«

»Marianne. Aber Vater sagt immer Nannerl zu mir.«

»Wie bei mir«, rief der Junge. »Eigentlich heiße ich Michael. Aber alle sagen zu mir Mischa!«

»Ich sage auch Mischa, ja? Wohin fahrt ihr eigentlich?«

»Zum Bolter Kanal.«

Nannerl machte ein enttäuschtes Gesicht.

»Wir fahren zur Müritz.«

Mischa schrie: »Ach, du großes brennendes Aquarium!« Dann lachte er unbändig.

Ich sah Nannerl an, sie glaubte, Mischa hätte einen Rappel bekommen.

Endlich beruhigte er sich wieder.

»Der Bolter Kanal, Mädchen, liegt doch an der Müritz! Ihr seid wohl blutige Anfänger auf dem Wasser! Hab ich mir gleich gedacht, als ich euch anlegen sah. Ihr hättet den Kahn erst vorne anbinden müssen und dann hinten. Die Strömung kommt doch von vorn. Kapiert?«

Ei, dachte ich, der Bursche ist nicht dumm! Es ärgerte mich nur, daß ich nicht von selbst daraufgekommen war.

»Du gibst eine Stange an«, sagte Nannerl.

»Olle Primel«, sagte Mischa und stieß Nannerl an, »bist wohl sehr empfindlich?«

Ein polnischer Frachter war herangekommen.

Er gab ein langgezogenes Hornsignal.

Das große schwarze Tor der Schleuse hob sich langsam empor. Die Einfahrt wurde frei.

»Wir lassen uns von dem Polen auf den Haken nehmen«, sagte Mischa. »Macht doch mit.«

»Auf den Haken nehmen?« wunderte sich Nannerl.

»Schleppen!« sagte Mischa. »Die fahren schnell, und das Motorrattern fällt weg.«

Der Schleusenmeister machte uns ein Zeichen. Wir sollten einfahren.

Mischa und sein Vater nahmen ein Stechpaddel in die Hand und fuhren hinter dem Berufsschiffer in die Schleuse.

Der Doktor und ich griffen ebenfalls zu den Paddeln. Nannerl ging ans Ruder.

Aber unser Boot trieb augenblicklich quer. Es ließ sich mit den Paddeln nicht gegen die Strömung bewegen. Und den Motor konnten wir so schnell nicht anwerfen. So blieb nur noch der lange Stakhaken. Damit wollten wir uns abstoßen. Leider ging auch das nicht. Der Staken war zu kurz. Er reichte nicht bis zur Kanalsohle. So trieben wir hoffnungslos von der Schleuse weg. Ach, war das eine Blamage!

Plötzlich kam Mischa mit einer Wurfleine gelaufen. »Ich treidle euch«, rief er.

Die Wurfleine sauste durch die Luft. Ich konnte sie gerade noch fangen.

»Nannerl«, rief Mischa, »du mußt ein bißchen gegensteuern, sonst knallt der Kahn ans Ufer!«

»Okay, Mischa«, rief Nannerl.

Ich fühlte mich ein bißchen überflüssig.

Mir war peinlich, daß Mischa uns durch seine Körperkraft in die Schleuse bugsierte. Das war keine leichte Arbeit. Endlich lagen wir hinter der »Santa Maria« an der Schleusenmauer. Es war muffig und düster in der Schleusenkammer, die

Wände glitschig und mit grünen Algen bewachsen. Das große Schleusentor kam langsam herunter.

Dann stieg das Wasser. Wir hielten uns mit der einen Hand an den schmierigen Griffen der Schleusenkammer fest, mit der anderen hielten wir die »Pütz«.

Langsam stiegen wir höher und höher. Immer heller wurde es. Als uns das Wasser drei Meter emporgehoben hatte, schien für uns wieder die Sonne.

Mischa kletterte vom Boot auf die Schleusenmauer und schlenderte zu dem polnischen Schiff.

»Du verstehen Deutsch?« brüllte er zu dem Schiffer hinüber.

»Ich verstehe Deutsch«, sagte der.

»Du schleppen eins, zwei Boote, ja?«

Der polnische Schiffer wiederholte: »Du schleppen eins, zwei Boote? Was ist das für ein komischer Satz. Du mußt besser lernen in der Schule.«

Mischa wurde rot vor Verlegenheit. »Ich dachte, sonst verstehen Sie micht nicht«, stammelte er.

»Gute Sätze versteht man gut«, sagte der Schiffer. »Also, ich schleppe euch.«

Das obere Schleusentor wurde langsam geöffnet.

Wir warfen ein Tau zur »Santa Maria«. Und die »Santa Maria« warf ein Tau zum Frachter. So fuhren wir im Schlepp.
Was hatte Eddi nur mit seiner dunklen Andeutung gemeint? Ich sah nirgends eine Gefahr!

12

Oskar erzählt etwas
über Flaschen, dabei werden ein
Reglerbügeleisen und
die »Nautischen Mitteilungen«
beinahe naß

Was ist eine Flasche?

Der Doktor würde antworten: Eine Flasche ist ein Hohlkörper aus Glas zum Zwecke der Aufbewahrung von Flüssigkeiten.

Nannerl dagegen würde behaupten, eine Flasche ist einer, der immer petzt und niemals das Treppengeländer herunterrutscht.

Und ich, Oskar, sage euch: Flaschen sind Boten des Schicksals! Mancher Kapitän schaute so lange in die Rumbuddel, bis er den Kompaß nicht mehr erkennen konnte, bis sein Schiff auf ein Riff lief und versank.

Und auch mancher Hafenarbeiter gab früher sein Geld für Schnapsflaschen aus, so daß am Ende nichts mehr blieb, um das Brot für die Familie zu kaufen.

Aber sogar Flaschen ohne Rum haben das Schicksal von Menschen bestimmt. Sie haben uns

Botschaften von Seeleuten übermittelt, die gestrandet auf einsamen Inseln hockten.

Die Mannschaft der »Pütz« dagegen mißachtete die Flaschen. Und gerade das wäre ihr beinahe zum Verhängnis geworden.

Der polnische Frachter, der unser Boot und die »Santa Maria« auf den Haken genommen hatte, schien es eilig zu haben. Unser »Archimedes« schwieg vor Neid über das Tempo der zwei Schiffsmaschinen des Frachters. Nannerl hockte am Ruder und sah nach vorn. Sie schien zu dösen. Wer weiß, woran sie wieder dachte, an Indianer, wilde Tiere oder auch nur an Mischa, der braungebrannt die »Santa Maria« steuerte.

Gerda war in die Kajüte gegangen. Wahrscheinlich hielt sie ein Nachmittagsschläfchen.

Ich blätterte in der Zeitung für Segler. Ein Protestschreiben des Präsidiums des Seglerverbandes war dort zu lesen:

»Wir Segler protestieren auf das allerschärfste gegen die Darstellung von Sportsfreunden mit abstehenden Ohren. Es ist nicht wahr, daß alle Segler abstehende Ohren haben. Wer das dennoch behauptet, fügt den Seglern auf der ganzen Welt schweren moralischen Schaden zu ...«

Während ich nach meinen Ohren tastete und mit

Befriedigung feststellen konnte, daß sie nicht abstanden, fiel mein Blick auf eine Artikelserie *»Die Gefahren beim Schleppen«*.

Das interessierte mich.

»Du, Nannerl«, sagte ich erschrocken und hob dabei den Finger drohend, »daß du mir auch immer schön hinter der ›Santa Maria‹ herfährst!«

Nannerl blickte mich an, als wäre mir ein Horn auf der Nase gewachsen.

»Oskar, willst du nicht lieber einen Hut aufsetzen, die Sonne brennt dir auf die Birne, wer weiß, ob das gut ist!«

»Wie meinst du das?« fragte ich scharf.

»Ich kann nämlich überhaupt nicht anders, als hinter der ›Santa Maria‹ herfahren, weil wir durch eine Leine mit ihr verbunden sind.«

Nannerl sagte das ganz langsam und ganz deutlich, als würde sie mit einem Kranken reden.

»Ich meine, du sollst an einer Kurve den Weg nicht abschneiden! Das ist gefährlich!«

»Du, Oskar, dort schwimmt eine Flasche.«

»Flasche, Flasche, das ist jetzt unwichtig. Wir müssen ein Beil bereitlegen. Ein Beil.«

»Willst du Brennholz machen?«

»Hör doch zu, Nannerl, wir müssen jederzeit das Schlepptau kappen können. Denk dir, was passiert, wenn wir plötzlich irgendwo hängenbleiben. Das Boot würde auseinandergerissen werden!«

Da wir kein Beil an Bord hatten, legte ich das große Messer bereit.

Nannerl interessierte sich dafür nicht.

Sie sagte: »Du, Oskar, wieder eine Flasche!«

Auch Mischa hatte die Flasche gesehen. Er machte ein Zeichen nach hinten.

»Flaschenpost!« brüllte er.

Ich las weiter in meiner Zeitung, um schneller herauszufinden, was uns noch alles für Gefahren drohten.

»Sofort einen Eimer!« rief ich. »Wir müssen einen Eimer mit einer Leine griffbereit halten!«

»Wozu einen Eimer? Oskar, setz einen Hut auf!«

»Laß mich mit diesem Hut in Ruhe! Wir brauchen einen Eimer als Anker, als Bremse. Denk mal, Nannerl, aus irgendeinem Grunde muß der Frachter stoppen. Er läßt seine Maschinen rückwärts laufen. Dann laufen wir auf die ›Santa Maria‹ auf. Die ›Santa Maria‹ läuft ihrerseits auf den Frachter. Vielleicht wickelt sich die Schleppleine um die Schiffsschrauben. Der Frachter wird manövrierunfähig, kollidiert mit einem entgegenkommenden Schiff. Beide fahren gegen einen Brückenpfeiler; die Brücke bricht zusammen, aus beiden Richtungen nähern sich zum gleichen Zeitpunkt Eisenbahnzüge; sie stürzen ...«

»Oskar«, hörte man den Doktor aus der Kajüte, »soll ich dir deine Beruhigungspillen geben? Sonst schnappst du uns noch über.«

Nun wurde ich erst richtig wütend. – Das kommt davon, dachte ich, wenn man mit zwei Frauen auf große Fahrt geht!

Zugegeben, ich hatte meinen Faden zu weit gesponnen. Trotzdem, nach meiner Meinung befanden wir uns in Gefahr!

Wir brauchten dringend einen Eimer und eine Leine!

In diesem Augenblick ertönte ein gellendes Indianergeheul. Mischa hatte es ausgestoßen. Er hielt eine tropfnasse Flasche in der Hand, die er soeben aus dem Wasser gefischt hatte.

Er entkorkte die Flasche und nahm einen Zettel heraus. Nachdem er ihn gelesen hatte, steckte er ihn wieder hinein, band die Flasche an eine Leine und ließ sie zu uns nach hinten treiben.

Wir lasen ebenfalls den Zettel aus der geheimnisvollen Flasche.

Er hatte folgenden Wortlaut:

»An die Mannschaft des Segelschiffes ›Pütz‹!
Lebensgefahr bei steifer Brise und im Schlepp.

Ihr Heinis, achtet auf den roten Bolzen!
Alle Schiffe, die diese Botschaft auffinden, sind zum
Teufel verpflichtet, die bedrohte Mannschaft zu retten.
Eddi, Kapitän im Dämmerzustand.
PS. Der Rotwein aus den Flaschen hat gut ge-
schmeckt.
Tschüschen E.«

Ich mußte lachen.
Der Doktor war ein wenig erstaunt.
»So kenne ich deinen Eddi eigentlich nicht. Bisher war er höflich, bescheiden und zurückhaltend!«
»Ach so, weil er uns mit Heinis anredet. Das meint er nicht so.«
»Ich finde, er hat eine Sauklaue«, sagte Nannerl.
Der Doktor und ich sahen Nannerl wegen ihrer Ausdrucksweise scharf an.
»Ich meine, er hat eine schlechte Handschrift!«
»Ich rechne mich jedenfalls nicht zu den Heinis«, sagte der Doktor und wollte wieder in die Kajüte klettern. Nannerl nickte solidarisch.
»Er war ein bißchen betütert. Wahrscheinlich suchte er leere Flaschen. Als er sie nicht fand, hat er volle gekauft und sie ausgetrunken. Haben wir nicht drei Flaschen gesehen?«

Nannerl nickte bestätigend.

»Er hätte auch Most trinken können!« Der Doktor verschwand endgültig in der Kajüte.

»Most«, rief ich, »Most«! Hat man denn schon jemals von einer Flaschenpost in einer Mostflasche gehört!«

Nannerl stimmte mir in diesem Punkte zu.

»Was ist aber mit dem roten Bolzen?« wollte Nannerl wissen.

»Was für ein roter Bolzen? Ach so, von dem in dem Brief die Rede ist. Eddi wollte sich gewiß einen Spaß machen. Er hofft vielleicht, wir würden das ganze Boot kopfstellen, um diesen lächerlichen roten Bolzen zu finden.«

»Vielleicht hat Eddi erfahren, daß in unserem Boot eine Höllenmaschine eingebaut ist, die jeden Augenblick losgehen kann.«

»Wer sollte die wohl eingebaut haben, Nannerl?«

»Vielleicht ein Seeräuber, dem das Boot früher einmal gehörte!«

Was sich Kinder so alles ausdenken! Immer wittern sie hinter der harmlosesten Sache ein Abenteuer.

»Warum sollte dein Freund Eddi ohne einen Grund drei Flaschen auf die Reise schicken?«

»Er hat einen Grund: Er will uns zum Lachen bringen.«

Aber Nannerl hörte nicht auf zu bohren: »Eine Flaschenpost ist eine ernsthafte Sache.«

»Früher«, sagte ich. Und um Nannerl ein wenig von Eddis dunkler Warnung abzulenken, erzählte ich ihr von einer Flaschenpost, die im Jahre 1918 gefunden wurde:

»Die Botschaft der Flasche lautete: Sollte dies aufgefischt werden, bitte sagen Sie all meinen Freunden, daß der Steuermann mich schrecklich schlecht behandelt. Auch sagt die ganze Mannschaft, wir würden niemals mehr einen Hafen erreichen, da das Schiff viel Wasser macht. George Westerley, Steuermannslehrling auf der ›Taifun‹, Mai 1888.«

»Das war vielleicht ein Junge im Alter von Mischa«, sagte Nannerl nachdenklich. Sie stutzte. »Die Flaschenpost war ja dreißig Jahre unterwegs!«

»Ja«, nickte ich. »Und die ›Taifun‹ ging tatsächlich 1888 mit Mann und Maus verloren.«

»Welchen Grund hatte dieser arme George Westerley, eine Flaschenpost abzuschicken?«

Über diese Frage mußte ich längere Zeit nachdenken, bevor ich eine Antwort geben konnte.

»Ich glaube, George Westerley fühlte sich sehr allein. Und irgend jemandem wollte er sagen, was ihn bedrückte. Die Menschen sind mitteilsam.

Sie wollen nichts für sich allein behalten. Darum schreiben sie Briefe, Tagebücher, Flaschenpostbriefe, und die Geschwätzigsten verfassen Bücher und freuen sich, wenn sie gelesen werden.«

»Ich meine«, sagte Nannerl mit Nachdruck, »man muß das Geschriebene ernst nehmen! Du selbst hast mir einmal von englischen Matrosen erzählt, die auf einer Inselgruppe gestrandet waren. Sie hatten eine Botschaft in einer Blechkanne ausgesandt und um Hilfe gebeten. Die Nachricht wurde tatsächlich aufgefangen, und ein Rettungsdampfer machte sich auf den Weg. Doch als der Dampfer am Ziel anlangte, fand die Besatzung die Insel leer. Die Matrosen hatten vier Tage vorher die Insel mit einem Floß verlassen. Sie waren ertrunken. Und warum? Weil sie ihrer eigenen Flaschenpost nicht trauten!«

»Die Geschichte ist ja sehr schön und lehrreich, Nannerl. Schließlich habe ich sie dir ja mal erzählt, aber in unserem Fall ist sie nicht anwendbar. Was soll uns passieren? Das Ufer ist keine zwanzig Meter von uns entfernt.«

Ich hatte den Artikel »*Gefahren beim Schleppen*« ganz vergessen.

Plötzlich kletterte Gerda kreidebleich aus der Kajüte.

Ich starrte sie an und rief laut: »Nein, nein, das

glaube ich nicht!« Dabei bedeckte ich mein Gesicht mit den Händen. Hier mußte Zauberei im Spiel sein, denn sie trug mindestens sechs Kleider über dem Arm, und in der einen Hand hielt sie das Reglerbügeleisen. Diesen ganzen Plunder hatte ich doch eigenhändig von Bord getragen und im Bootshaus eingeschlossen.

»Wir sinken«, sagte sie fassungslos. Doch ich überhörte das in diesem Moment.

»Wir sinken«, sagte sie noch einmal.

»Um Himmels willen«, kreischte Nannerl, ließ das Ruder einfach sausen, sprang in die Kajüte und kehrte in derselben Sekunde mit den »Nautischen Mitteilungen« zurück.

»Wir sinken«, sagte auch sie. »Das Wasser steht schon bis an die Kojen. Helft mir die ›Nautischen‹ retten! Die sind aus der Bibliothek.«

Wenn meine Familie glaubte, sie könnte mich verkohlen, dann sollte sie sich gründlich verrechnet haben!

Ich nahm die Seglerzeitung wieder zur Hand und tat so, als würde ich lesen. Dabei schielte ich kurz über den Zeitungsrand in den Niedergang zur Kajüte. Ich sah, wie unsere Abwaschschüssel dort lustig herumschwamm.

»Wir sinken«, brüllte auch ich jetzt und sprang auf.

»Nannerl, Schleppleine kappen! Der Doktor hilft beim Ösen!«

Jetzt kam Bewegung in die Mannschaft.

»Nannerl rannte mit dem Messer nach vorn und schnitt uns, ohne auf Mischas erstauntes Gesicht zu achten, von der »Santa Maria« los.

Ich füllte den Eimer mit Wasser und reichte ihn Gerda, die das Wasser über die Reling schüttete.

»Steuere das Ufer an«, befahl ich Nannerl. »Dort ist es flach. Sonst säuft uns der Kahn ab.«

Ich bemerkte nämlich, daß unser Boot schneller Wasser aufnahm, als es unser Eimer über Bord befördern konnte.

Nannerl rief von draußen: »Oskar, wir sind am Ufer. Aber es ist hier mindestens zwei Meter tief.«

»Mach den Kahn an einem Baum fest!«

So konnte unsere »Pütz« wenigstens nicht auf Nimmerwiedersehen zu den Fischen hinabtauchen.

»Die ›Santa Maria‹ kommt uns zu Hilfe«, brüllte Nannerl.

Gerda schüttete nach wie vor das Wasser eimerweise über Bord. »Dabei könnte ich jetzt auf der Terrasse eines Hotels liegen und Eis essen«, stöhnte sie.

Mischa und sein Vater erfaßten sofort unsere Lage. Sie machten die »Santa Maria« an der »Pütz« so fest, daß unser Heck nicht versinken konnte.

»Sportsfreund Oskar«, sagte Mischa wie ein Erwachsener zu mir. »Es hat keinen Zweck, drauflos zu ösen. Wir müssen das Leck finden!«

Das leuchtete mir ein. Aber wer gibt schon einer Rotznase gerne recht!

»Das ist auch eine Möglichkeit!« brummte ich, obwohl es nur diese eine gab.

Mischa nahm bereits die Bodenbretter heraus und reichte sie seinem Vater zur »Santa Maria« hinüber. Dann kletterte Mischa barfuß in die überflutete Bilge und begann, jede Planke und jede Spante unter Wasser abzutasten.

»Nichts«, sagte er schließlich enttäuscht.

»Prüfe die Bolzen!« sagte Herr Fisch, der Kapitän der »Santa Maria«.

»Das Wasser ist fast zum Stillstand gekommen«, ließ sich der Doktor hören. »Wir müssen weiter ausschöpfen, dann sieht man vielleicht, wo es hereinströmt.«

Wir stimmten alle zu. Ich wäre sehr glücklich gewesen, wenn mir auch so etwas Kluges eingefallen wäre, aber leider, leider ...

»Ach, du vergoldeter Klosettdeckel«, rief Nannerl und schlug sich heftig mit der Hand gegen die Stirn. »Mischa, sieh doch mal nach, ob dort ein roter Bolzen zu sehen ist.«

»Klar«, gab Mischa zur Antwort, »das ist einer der Bolzen, an denen der Motor hängt.«

Jetzt fühlte ich meinen großen Augenblick gekommen.

»Dieser Bolzen«, sagte ich, »kann nicht leck sein, denn er befindet sich über der Wasserlinie.«

»Normalerweise«, sagte Mischa, »aber beim Schleppen liegt der Kahn mit dem Heck tiefer im Wasser.«

Wieder brummten alle irgendeine Zustimmung. Ich schwieg jetzt lieber.

»Da«, rief Mischa, »man sieht deutlich, wie das Wasser hereinströmt. Es scheint eine Dichtung zu fehlen!«

Nannerl warf mir einen triumphierenden Blick zu.

Wirklich, ich hätte die Flaschenpost von Eddi ernst nehmen sollen!

Mischas Vater stieg mit einem hölzernen Kasten an Bord der »Pütz«. Als er den Kasten geöffnet hatte, erblickten wir ein heilloses Durcheinander von Muttern, Schrauben, Nägeln, Sicherheitsnadeln, Lederstreifen, Gummidichtungen, Angelhaken, Bolzen, Kerzenstummeln ... und wer weiß was noch alles.

Andächtig ließ er die verschiedenen Teilchen durch die Finger gleiten, betrachtete das eine und andere und warf es in den Kasten zurück. Und ich wußte nun: Dieser Mann hatte Erfahrungen mit Booten.

Es kribbelte mir in den Fingern, als ich Herrn Fisch zusah. Er aber sagte: »Immer mit der Ruhe. Pfuscharbeit zahlt sich nicht aus.«

Endlich hatte er einen Bolzen, eine Mutter und eine Lederdichtung gefunden, die seinen Vorstellungen entsprach.

Als unser Boot wieder abgedichtet auf den Wellen schaukelte und die Ordnung an Bord wiederhergestellt war, leuchteten die Wipfel der Kanalbäume bereits in der goldgelben Abendsonne.

Der Doktor und Frau Fisch hatten gemeinsam ein Abendbrot zurechtgemacht, das auf der »Santa Maria« eingenommen wurde. Auf die glückliche Rettung wollten wir mit einem Glas Wein anstoßen.

Bevor wir einen Bissen gegessen hatten, nahm ich Nannerl und den Doktor noch einmal beiseite: »Ich möchte nur wissen, wie ihr es geschafft habt, die ›Nautischen Mitteilungen‹, das Reglerbügeleisen und den ganzen anderen Klimbim an Bord zu schummeln!«

Nannerl und der Doktor sahen sich eine Sekunde in die Augen. Dann kicherten sie – und ich fühlte mich ihnen unterlegen.

13

*Nannerl erzählt vom Schicksal
des »Adrian« und wie sie und Mischa bei der
Erörterung von pädagogischen Fragen
vergessen werden*

Wir saßen alle gemütlich an Bord der »Santa Maria« und ließen uns das Abendbrot schmecken.
»Schmatz nicht so entsetzlich«, rief Mischas Mutter.
Mischa schaute einen Augenblick von seinem Teller auf.
»Wenn es mir aber schmeckt, Mutter!« Er gab sich dann doch einen Augenblick Mühe, nicht zu schmatzen.
Gerade als ich einen Becher mit Saft an den Mund setzte, ließ Mischa wieder einen lauten Schmatzer hören. Ich hätte vor Lachen platzen mögen. Aber schließlich waren wir ja zu Besuch. Doch man soll nie sein Lachen unterdrücken! Jetzt mußte ich nämlich husten. Dabei kleckerte der Saft auf meinen Pullover.
»Marianne!« sagte meine Mutter in einem Ton, als hätte ich eine Sechs in Mathe nach Hause gebracht.

»Nannerl bekleckert sich immer mit dem größten Vergnügen«, fing Oskar zu erzählen an. »Wir hatten einmal Spinat zum Mittagessen ...«

Immer wieder muß Oskar diese blödsinnige Geschichte erzählen, die schon Jahre her ist! Ich hatte mich damals mit Absicht bekleckert, weil ich gerade Förster spielte. – Oskar sollte lieber etwas von seiner Arbeit erzählen! Zum Beispiel sein Erlebnis im Zirkus, als ihm beim Fotografieren der Löwe das Frühstücksbrot aus der Aktentasche gefressen hatte.

»Oskar«, sagte ich leise. »Der Löwe.«

Aber mein Vater hatte nun die Sache mit dem Spinat beim Wickel. Er hörte überhaupt nicht, daß ich ihm ein Stichwort gab.

»Das Frühstücksbrot«, sagte ich nach einer Weile lauter.

Er warf mir nur einen funkelnden Blick zu.

»Der Zirkus«, rief ich nun sehr laut, alle schauten mich verwundert an.

»Was brabbelst du immerzu dazwischen? Wenn sich Erwachsene unterhalten, haben Kinder zu schweigen«, rief Oskar.

»Ich wollte dich nur an die Geschichte mit dem Löwen im Zirkus erinnern«, sagte ich betrübt.

»Zirkus!« schimpfte Oskar. »Hörst du nicht, daß

ich mit Herrn Fisch gerade pädagogische Fragen bespreche?«

Ich blickte zu Mischa. Und Mischa blickte zu mir. Er kniff ein Auge zu und deutete mit einer Kopfbewegung zum Ufer hin.

Unauffällig erhoben wir uns und trollten an Land.

»Und was nun?« fragte ich.

»Entdeckungsreise«, sagte er. »Wir rekognoszieren jetzt das Festland.«

»Rekognoszieren? Ein komisches Wort. Was heißt denn das?«

»Auskundschaften.«

»Also, los. Wir rekognoszieren!«

Der Mond rekognoszierte auch gerade die Erde.

Die Büsche am Uferweg warfen gespenstische Schatten. Wenn man so einen Schatten einen Moment lang beobachtete, schien er sich zu bewegen.

Ich wollte dem Mischa nicht zeigen, daß mir ein bißchen flau war. Zum Rekognoszieren mußte man sich nicht unbedingt die Dunkelheit aussuchen. Ich möchte wetten, Kolumbus hätte niemals gemerkt, daß er Amerika entdeckt hat, wenn er in der Nacht an Land gegangen wäre. Aber was nutzten mir solche Argumente! Mischa hätte mich ausgelacht und sofort behauptet, ich sei ein Angsthase.

Vor uns huschte plötzlich irgend etwas durch das Gras. Mischa und ich blieben wie zu Steinen verhext stehen. Dann gab es ein klatschendes Geräusch auf dem Wasser. Ein paar Wildenten, die wir aufgestöbert hatten, schimpften aus sicherer Entfernung. Der Weg bog nun vom Ufer ab und führte durch dichtes Gestrüpp. Mischa blieb abrupt stehen, so daß ich ihm in die Hacken trat. Er deutete stumm nach oben.

Auf dem kahlen Ast eines abgestorbenen Baumes saß ein großer Vogel und blickte mit runden grünen Augen auf uns herab.

»Wenn das nicht 'ne Eule ist«, flüsterte Mischa, »will ich ein vierbeiniger Kanarienvogel sein!«

»Vielleicht ist es ein Uhu«, sagte ich. Dabei fiel mir ein, daß Uhus angeblich Menschen anfallen, wenn sie sich bedroht fühlen. Wer konnte wissen, was der Uhu oder die Eule dort oben von uns dachte. Vielleicht glaubte das Tier, wir wollten es fangen. Oskar hätte gesagt, Tiere können überhaupt nicht denken. Wer weiß? Am besten war schon, sich überhaupt nicht vom Fleck zu bewegen.

Doch ganz unvermutet sprang mir irgend etwas in den Rücken. Ich stolperte und rempelte Mischa an. Jaulend leckte uns Sascha die Hände und feierte auf seine Weise Wiedersehen mit uns.

Der große Vogel auf dem kahlen Ast klappte seine Schwingen auseinander unf flog davon. Bei jedem Flügelschlag gab es ein pfeifendes Geräusch. Der Ast, auf dem er vorher gesessen hatte, wackelte noch ein Weilchen.

Nun erst bellte Sascha wild. Ich war froh darüber, denn bei diesem Lärm fühlte man sich nicht mehr ganz allein.

Der Weg führte uns zu einem Toten Arm. Mischa ging voraus. Nun blieb er stehen und sagte: »Nannerl, das hier ist ein Friedhof!«

Gänsehaut kroch mir den Rücken hinauf. Nachts auf einem Friedhof. Na, Hilfe!

»Sind doch gar keine Grabsteine da«, sagte ich.

»Das ist ein Schiffsfriedhof. Nannerl.«

Ich stand neben ihm. Am Ufer türmten sich die schwarzen Umrisse alter Schiffe.

Mischa ließ die Taschenlampe aufleuchten. Der Lichtkegel wanderte über das Deck eines Vergnügungsdampfers. »Allotria« hieß er. Dann tastete sich der Lichtkegel an einer halb vom Wasser überspülten Dampframme vorbei zu einem Lastkahn.

»Du, sieh mal, dort führt ein Steg zu dem Schlepper ›Adrian‹!«

118

Mischa ging entschlossen auf die Laufplanke zu, die das Schiff mit dem Festland verband.

Ich hielt ihn am Ärmel zurück.

»Wohl Angst vor Gespenstern, was?« sagte Mischa. Er lachte. Das Echo seines Lachens wurde von den Stahlwänden zurückgeworfen.

»Nee«, sagte ich mit zittriger Stimme. »Oder hast du etwa keine Angst?«

Mischa klopfte mir beruhigend auf die Schulter.

»Du, ich habe auch manchmal Angst«, flüsterte er. »Aber dann tue ich so, als hätte ich keine.«

Wie zum Beweis kletterte er über die Laufplanke auf das Schiff. Als er den Fuß auf den Schiffskörper setzte, gab es einen Ton, als würde jemand einen Gong in Bewegung setzen.

Sascha trippelte seinem Herrn selbstverständlich nach.

Das Schlimmste ist, in so einer Situation alleine zu sein! Darum lief ich den beiden nach. Wieder dröhnte der Gong, als ich meinen Fuß an Bord setzte.

»Du, Mischa, laß uns an Land gehen, hier ist es gefährlich.«

»Was soll hier gefährlich sein?«

Er stolperte und wäre gefallen, wenn ich ihn nicht festgehalten hätte.

»Hier ist ein Loch«, sagte er.

Wir leuchteten in das Loch hinein. Es führte zum Maschinenraum, der halb unter Wasser stand.

»Laß uns lieber gehen!«

Der Lichtstrahl aus Mischas Lampe tastete ein dickes, rostiges Rohr ab, das an Deck lag.

»Das ist der Schornstein. Man konnte ihn legen, wenn das Schiff eine Brücke passierte.«

»Schade um das Schiff«, sagte ich.

»Die Dinger sind nicht mehr rentabel. Ein Mann mußte ständig den Kessel mit Kohle versorgen. Schleppen ist auch nicht mehr modern. Denk mal, auf jedem Schleppkahn wurde eine Mannschaft benötigt. Heute, auf den Schubverbänden, brauchst du nur drei Mann. Und transportieren kann man bestimmt soviel wie auf drei Schleppkähnen.«

Der Gong ertönte unvermittelt. Ich krallte mich an Mischa fest.

Irgend jemand war an Bord gekommen.

Sascha bellte wie verrückt. Dröhnende Schritte näherten sich uns. Eine Gestalt tauchte aus dem Dunkel auf.

Mischa richtete den Strahl der Taschenlampe auf den Mann.

Manchmal wünschte ich mir, ich könnte zaubern. Das war wieder einmal so ein Augenblick. Schwuppdiwupp – hätte ich mich in eine Maus verwandelt.

Der Mann war von dem Strahl der Taschenlampe geblendet. Er fuchtelte hilflos mit einer Angelrute und einem Eimer herum. Sascha schnappte mutig nach seinen Beinen.

Da sagte der Mann: »Macht doch mal die Latichte aus.« Seine Stimme klang gutmütig.

Mischa knipste die Lampe aus und beruhigte Sascha.

»Darf ich wohl fragen, was ihr zu so später Stunde auf dem ›Adrian‹ sucht?« fragte der Mann.

»Wir sind sozusagen auf Entdeckungsfahrt«, sagte Mischa, »wie damals Kolumbus.«

»Ah«, lachte der Mann, »dann verstehe ich, warum die ›Santa Maria‹ am Ufer stromauf festgemacht hat.«

»Und die ›Pütz‹!« sagte ich stolz.

Mischa trat einen Schritt vor und reichte dem Mann die Hand. »Ich bin Mischa Fisch. Und das hier ist Nannerl, meine Freundin.«

Heu, wie Mischa das sagte: »... meine Freundin!« – Das machte mich verlegen, aber zum Glück sieht man im Dunkeln nicht, wenn einer rot wird.

Der Mann steckte einen Wurm auf die Angel. »Whitt«, sauste die Pose mit dem Köder ins Wasser.

»War einmal ein schöner Schlepper, der ›Adrian‹«,

sagte der Mann. »Jetzt taugt er gerade noch zum Angeln. Schade!«

Wir schauten auf die Pose, ob sie unterging.

»Wieso schade«, sagte Mischa. »So ein Schlepper ist doch unmodern.«

»Das schon«, sagte der Mann. »Mein Sohn fährt auf einem Schubverband. Trotzdem ist's schade, daß der alte Schlorren ausgebrannt ist.«

»Und wie ist das passiert?« platzte ich heraus.

»Kurz vor Kriegsende«, sagte er. »Wir waren damals noch drei Hagelmanns. Mein Vater, ich und mein Sohn. Soldat war keiner von uns. Vater war zu alt, der Heinz zu jung, und ich habe immer so getan, als wäre ich schwerhörig. Wenn sie mich bei der Musterung nach dem Namen fragten oder nach der Adresse oder sonstwas, hab ich immer ›jawohl‹ gesagt.

Aber ganz zuletzt, als der Krieg beinahe aus war, holten sie jeden ohne Unterschied. Sogar meinen Onkel, und der hatte ein Holzbein. Darum ließen wir Hagelmanns uns im Ort nicht mehr sehen. Wir wohnten alle drei auf dem Schlepper. Und unser Schlepper lag gut versteckt im Hafen der alten Ziegelei. Dort kam nie jemand hin, weil es hieß, dort würden Minen liegen.

Eines Tages sahen wir mit unserem Fernrohr vom Dach der Ziegelei, wie Soldaten zur Brücke marschierten und dort anfingen, am Mittelpfeiler herumzupütchern. Zuerst haben wir überlegt, was die da machten. Plötzlich sagte mein Sohn: ›Die wollen die Brücke sprengen!‹ Der Krieg war beinahe vorbei, und die wollten noch die Brücke sprengen!

Zwei Tage lang stemmten die Soldaten Mauersteine aus dem Mittelpfeiler. Dann waren die Kammern fertig, in die der Sprengstoff sollte. Die Soldaten zogen ab und ließen nur einen Mann als Wache auf der Brücke.

Ziegel gab es bei uns genug. Wir beluden unseren ›Adrian‹ damit. Mörtel trieb mein Vater irgendwoher auf. Nun störte nur noch der Wachtposten auf der Brücke.

Ich ging zu ihm und fragte, ob er es richtig fände, die Brücke noch in letzer Minute zu sprengen. Richtig fand er es nicht. Aber Befehl war eben Befehl!

Er fragte mich, ob ich Tabak hätte.

›Einen halben Zentner!‹ sagte ich.

Wir hatten unseren Tabak im Garten selbst gezogen und ihn in der alten Ziegelei getrocknet.

›Wenn du mir einen alten Anzug verschaffst, haue ich hier ab und verstecke mich bis Kriegsende in der Ziegelei.‹

Vater opferte seinen Sonntagsanzug, und der Posten zog in die Ziegelei und machte sich daran, den halben Zentner Tabak aufzurauchen.

Wir aber, die drei Hagelmanns, dampften mit unserem Schlepper ›Adrian‹ zum Brückenpfeiler und mauerten die Sprenglöcher in einer Nacht zu. Als wir den letzten Stein eingesetzt hatten, witschte eine Maschinengewehrgarbe dicht neben unserem Schlepper ins Wasser. – Das Sprengkommando war mit dem Dynamit eingetroffen. Sie schossen auf uns. Wir drei Hagelmänner verkrochen uns, so gut es ging, auf dem Schlepper. Vater manövrierte den ›Adrian‹, ohne auch nur die Nase über die Reling zu stecken, rückwärts stromauf in die Nacht hinein. Er kannte den Fluß wie seine Westentasche. Vom Ufer feuerten die Soldaten auf uns. Aber die Kugeln konnten dem ›Adrian‹ nichts anhaben.

Nur etwas machte uns Sorge – die Schleuse oberhalb. Dort würde man uns unweigerlich erwischen. Es gab nur eins: Wir ließen uns im Schutze der Dunkelheit ins Wasser gleiten und schwammen ans Ufer. Und die Soldaten verfolgten den ›Adrian‹ weiter, bis er mit dem Heck auf Grund ging.

Weil sie uns nicht bekamen, rächten sie sich an dem Schlepper. Zuerst versuchten sie, ihn zu versenken. Aber der Schlepper ging nicht unter, weil er auf Grund saß. Darum übergossen sie ihn mit Benzin und steckten ihn in Brand.

Wir versteckten uns in der Ziegelei und beobachteten von dort aus, zusammen mit dem geflohenen Brückenposten, wie unser Schlepper brannte und später, wie das Sprengkommando versuchte, erneut Kammern in die Brücke zu stemmen. – Die Zeit reichte aber nicht mehr aus. Sie mußten ihr Dynamit in den Fluß werfen, weil der Frieden sie sonst überrascht hätte!«

Hagelmann kurbelte die Pose der Angel heran. Er besah sich mit der Taschenlampe den Haken. Er war leer.

»Abgefressen«, sagte er.

»Und dann?« fragte ich.

»Und dann, und dann«, rief Hagelmann ärgerlich, »beim Angeln hat unbedingte Ruhe zu herrschen, sonst fängt man keinen Schwanz.« – Eine Weile schwieg er.

Auch Mischa und ich verhielten uns ruhig.

»Das Wrack war ein Schiffahrtshindernis. Es wurde später hierhergeschleppt. Die Ziegelei nahm ihre Arbeit wieder auch. Steine wurden gebraucht. Schlepper natürlich auch. Aber der ›Adrian‹ war rettungslos hin. Eines Tages werden sie ihn mit dem Schweißbrenner auseinanderschneiden und den Schrott verarbeiten.«

»Schade«, sagte Mischa.

»Na, du bist einer ...«, sagte Hagelmann, »vorhin hast du gesagt, so ein Schlepper sei unmodern.«

»Das ist wahr. Aber jetzt, da man die Geschichte des ›Adrian‹ kennt, tut es mir ein bißchen leid um den alten Schlorren.«

Hagelmann sagte plötzlich wieder knurrig: »Los, nun aber nach Hause. Schert euch von Bord!«

Mischa und ich, wir verabschiedeten uns.

Wieder hörten sich unsere Schritte wie Gongschläge an. Mir war kein bißchen mehr unheimlich zumute. Der Schlepper »Adrian« erschien mir wie ein alter Bekannter.

»Das war eine Geschichte«, sagte ich begeistert zu Mischa.

»Eine dollere Geschichte werden wir wohl erleben, wenn wir wieder an Bord kommen«, murmelte Mischa.

Wahrscheinlich hatten sich unsere älteren Herrschaften schon gewaltige Sorgen über unser langes Ausbleiben gemacht. Daran hatte ich die ganze Zeit nicht gedacht.

Schon sahen wir den schwachen Schimmer der Petroleumfunzel an Bord der »Santa Maria«. Sehr, sehr langsam schritten wir auf dieses Licht zu. Wir hatten ein schlechtes Gewissen.

Dann hörten wir Oskars Stimme: »Man muß der Erziehung der Kinder große Aufmerksamkeit widmen!«
Wir sahen uns verdutzt an. Wir glaubten, sie würden sich über unser Wegbleiben sorgen, dabei hatten sie uns nicht einmal vermißt!

14

Nannerl erzählt etwas
über die Farbe von Eigenschaften, über Herrn Isot,
über Katze und Storch und von
einer anderen Rettungsaktion

Alle Eigenschaften der Menschen haben eine Farbe. Der Doktor würde das selbstverständlich abstreiten. Aber ich habe die Farben der Eigenschaften mit eigenen Augen gesehen. Nehmen wir nur einmal die Wut. – Sie ist schwarz. Ich will morgens zur Schule gehen, finde meinen Füllfederhalter nicht. Vor Wut wird mir schwarz vor Augen. Später, als ich die Suche längst aufgegeben habe, finde ich ihn in meiner Manteltasche. Weil ich aber vorher Oskar und den Doktor beschuldigt habe, meinen Füller verbummelt zu haben, verfärbe ich mich ein wenig rosa. – Rosa ist die Farbe des Schämens und der Reue.
Die Feigheit sehe ich gelblich, weil wir mal einen Hund hatten, der gelblich und entsetzlich feige war. – Der Neid ist grün.
Ich bin schon häufig grün geworden. – Nehmen wir an, Oskar schenkt mir eine CD mit heißer Musik. Ich höre mir die an und bin ganz high.

Am nächsten Tag erfahre ich in der Klasse, da hat jemand ein ganzes Album von derselben Gruppe. Da verfärbe ich mich grün wie eine Gurke.

Ein Trost ist, daß sich andere auch mal grün verfärben – zum Beispiel Oskar.

Die »Santa Maria« und die »Pütz« lagen friedlich an zwei Dalben hinter einer Brücke. Wir hatten endlich die Kanalstrecke hinter uns gebracht und bereiteten uns darauf vor, die Segel zu setzen. Der Mast lag noch schwer auf Deck.

Wir setzten unseren Toten Mann oder die Jütt, wie es andere nennen. Das ist ein langes Holz, das im rechten Winkel auf dem unteren Teil des Mastes befestigt wird. Ganz einfach ein Hebelarm. Zwischen dem Bug des Bootes und dem Ende der Jütt wird nun eine Talje befestigt.

Zuerst ging Oskar zuversichtlich an die Leine und versuchte, sie dicht zu holen. Aber unser Mast rührte sich kaum von der Stelle. Dann schickte Oskar den Doktor und mich nach vorn. Wir sollten mit allen Kräften die Leine dicht holen, während Oskar sich unter das hintere Ende des Mastes stellte und es emporstemmte.

Dabei sprachen wir uns gegenseitig Mut zu.

»Nicht nachlassen!« preßte Oskar hervor.

»Noch ein Stückchen«, rief der Doktor.

»Wir schaffen dich, wir schaffen dich«, stöhnte ich.

Der Mast stand nun mit der Spitze schräg nach oben. Oskars Arme waren zu kurz, um weiter den Mast anheben zu können.

Plötzlich rief ich: »Doppeltunddreifaches Nashornauge!«

Einen Augenblick sahen der Doktor und Oskar in meine Blickrichtung.

Auf der »Santa Maria« hockte Mischa und pfiff ein Lied. Dabei bewegte er eine kleine Kurbel. Der Mast richtete sich wie von Geisterhand bewegt auf. – In dieser Sekunde wurde ich so grün, daß es auf den Doktor und Oskar abfärbte.

Warum besaßen wir nicht die »Santa Maria«!

Indessen hatte ich keine Zeit, weiter darüber nachzudenken. Es schien, als würde der Mast von Minute zu Minute schwerer.

»Haltet durch«, ermunterte uns mein Vater, »ich komme!«

Aber immer, wenn er vom Mast abließ, senkte der sich wieder. Der Doktor und ich stießen Angstschreie aus, weil wir befürchteten, der Mast könnte Oskar erschlagen.

Mit einem Schwung landete Mischa neben mir. Er griff nach der Leine. Ein wenig später stand unser Mast wie eine Eins.

Während wir auf der »Pütz« das Tauwerk ordne-
ten, schoß die »Santa Maria« mit vollen Segeln in
den Wind. Hinterher schwabberte Mischas »Op-
timist«.

»Ein orkanisches Schiff«, sagte ich.

»Ach ja«, stöhnte Oskar. Ich wette, in diesem Moment hätte Oskar die »Pütz« gegen die »Santa
Maria« getauscht.

»Seid nicht so ungerecht gegen die ›Pütz‹«, protestierte der Doktor. »Freilich könnte ich mir vor-
stellen, jetzt im ›Teepott‹ in Warnemünde meinen
Kaffee zu nehmen und dazu ein Stückchen Sa-
chertorte beim Ober zu bestellen, aber ...«

»›Teepott‹ in Warnemünde«, unterbrach Oskar
verächtlich.

»Mang die fein gemachten Leute«, half ich.

Mutter lachte. »Na also, dann schimpft nicht auf
die ›Pütz‹.«

Endlich hatten wir unsere Spaghetti sortiert. –
Natürlich meine ich das Tauwerk. Unsere Segel
blähten sich.

Die »Santa Maria« war schon hinter einer Landzunge verschwunden. Wahrscheinlich würden
Mischa und seine Eltern drei Tage früher am Bolter Kanal eintreffen als wir!

»Leute!« brüllte ich spontan. »Seht doch mal
dort!«

Hinter der Landzunge war ein Segelboot hervorgeschossen und kam auf uns zu.

Oskar und der Doktor starrten mich an.

»Die ›Santa Maria‹ kommt zurück! Mischa hat seinen Vater überredet, auf uns zu warten. Hurra!«

»Sie hat recht. Ich erkenne Sascha, den schwarzen Teufel«, gab Oskar zu.

Ich küßte Oskar auf die Glatze.

Kurze Zeit später rauschte die »Santa Maria« an uns vorüber. Es war ein schöner Anblick. Sie lag schräg, aber steif wie ein Brett, am Wind. Nur das Achterliek des Großsegels killte ein wenig. Fischs saßen auf der Bank im Luv und stemmten die Füße gegen die gegenüberliegende Bank. Fünfzig Meter hinter unserem Achtersteven fiel die »Santa Maria« ab, schlug einen großen, eleganten Bogen und lief dann mit halb von hinten kommendem Wind neben uns her.

»Windstärke sechs«, rief Herr Fisch zu uns herüber. »Wir drehen bei. Uns ist das zuviel!«

Zu meiner Überraschung rief Oskar: »Das bißchen Wind macht uns nichts!«

»Na, Sie werden sich umsehen. Die Wellen sind uns über die Reling gekommen«, antwortete Herr Fisch leicht gekränkt.

Oskar schien sehr obenauf. »Bißchen leicht gebaut, Ihr Kahn«, rief er, wie der Kapitän eines Zehntausendtonners es nicht besser gesagt haben könnte.

Der Doktor raunte Oskar zu: »Gib nicht so schauerlich an!«

»Das meine ich auch«, pflichtete ich dem Doktor bei.

»Na dann Mast- und Spierenbruch!« rief der Kapitän der »Santa Maria«. »Wir sehen uns morgen oder übermorgen!«

Die »Santa Maria« drehte ab.

»Halt die Ohren steif, Nannerl«, rief Mischa.

»Na und wie!« antwortete ich.

Mir war ein wenig traurig zumute. Und es freute mich, daß auch Mischa nicht gerade ein Gesicht wie am Geburtstag machte.

»Das sind vielleicht Segler«, sagte Oskar langgezogen.

Unser Boot drängte schäumend vorwärts. Die Betonnung der Fahrstraße flog nur so an uns vorüber. Und die Möwen, die auf den Bojen saßen, ergriffen erstaunt die Flucht.

»Oskar, du willst doch nicht behaupten, die von der ›Santa Maria‹ sind feige!« sagte ich schneidend.

»I wo!« antwortete Oskar gut gelaunt. »Sie sind nur ein wenig ängstlich.«

Ha, ich kannte meinen Vater. Der wollte mich wieder einmal ärgern. Trotzdem fielen mir eine Reihe von Verwünschungen seemännischer Art ein, die ich aber besser unterdrückte. Man war schließlich gut erzogen! Aber dann übermannte mich doch die Rachsucht.

»Oskar«, fragte ich mit dem freundlichsten Gesicht von der Welt. »Ich möchte dich mal was fragen.«

»Bitte, Nannerl, frag doch.«

»Du sagst häufig zu Hause, Herr Isot ist ein Riesenkamel. Wenn du nun so mutig bist, warum sagst du es dem Herrn Isot nicht persönlich?«

Oskar schwieg. Ich genoß seinen verblüfften Gesichtsausdruck.

Herr Isot arbeitete bei einer großen Zeitung. Er war verantwortlich für die Bilder, die in die Zeitung kamen.

Einmal hatte Oskar einen Diplomaten fotografiert, der mit seinem Hund durch den Park ging. Herr Isot hatte das Foto angenommen und den Hund einfach abgeschnitten! Oskar hatte wütend bei der Zeitung angerufen.

»Einen Diplomaten kann man doch nicht mit einem Rehpinscher zeigen«, verteidigte sich Herr Isot.

Oskar segelte und schwieg. Der Doktor sah uns beide belustigt an.

»So«, sagte ich nun entschlossen, »wenn du Herrn Isot nicht sagst, daß er ein Riesenkamel ist, bist du feige!«

»Herr Isot ist kein Riesenkamel. Falls ich so etwas einmal gesagt haben sollte, war das nur aus Wut!«

»Warum hat aber der Herr Isot den Hund des Diplomaten abgeschnitten?«

»Weil er ein Riesenkam...«

Oskar stockte. »Was hast du schon für eine Ahnung!« sagte er unvermittelt. »Und außerdem lasse ich mich von dir nicht Feigling nennen!«

»Oskar«, sagte meine Mutter, »du hast doch damit angefangen, andere Leute Feigling zu nennen.«

Sie wandte sich zu mir. »Das ist so: Wenn Oskar dem Herrn Isot sagen würde, er sei ein Riesenkamel, würde der Herr Isot kein Bild von Oskar mehr abdrucken. Ich weiß nicht, ob du das willst?«

Da hatte mir der Doktor eine Frage gestellt, Junge, Junge! Das mit dem Mut war also ein schwieriges Problem!

»Es war einmal eine Katze«, sagte der Doktor.

»Du«, sagte ich zum Doktor, »das hier ist ein hypo-ernstes Gespräch!«

Oskar sagte: »Jawohl, erzähle uns eine Katzengeschichte. Das bringt uns auf andere Gedanken!«

»Ph ...«, machte ich.

»Es war einmal eine Katze. Die lebte auf einem hohen Kirchturm.«

Ich tat so, als würde mich die Geschichte nicht interessieren. Aber was half es. Ich hörte doch zu, weil mich Geschichten immer interessieren.

»Auf dem gleichen Turm, nur noch ein Stückchen höher, nämlich auf der Turmspitze, hatte sich eine Storchenfamilie ein Nest gebaut.«

»Was hat das mit Herrn Isot zu tun. Der ist, denke ich, ein Riesenkamel und kein Storch!«

»Ruhe«, donnerte Oskar.

»Die beiden Störche und die Katze lebten wie friedliche Nachbarn. Nur manchmal gefiel es den beiden Störchen, die Katze zu necken:
›Katze, besuche uns doch hier oben in unserem Nest!‹ klapperten die Störche und kicherten vor Vergnügen.

Die Katze schaute das steile Zinkdach des Turmes hinaus zur Spitze. Es war glatt und bot zum Klettern wenig Halt. Dann schaute die Katze hinunter auf den Marktplatz. Ganz winzig erschie-

nen ihr die Menschen dort unten. Die Katze
dachte: Wenn ich dort hinaufklettere zu den Störchen und wenn ich dann abrutsche und herab-
falle, breche ich mir das Genick!

›Feigling, Feigling‹, klapperten die Störche.«

»Die Störche haben gut reden«, rief ich. »Die
können ja fliegen!«

»Sehr richtig«, meinte der Doktor. »Es war von
der Katze vernünftig, nicht ins Storchennest hinaufzuklettern. – Aber die Geschichte ist noch
nicht zu Ende.«

»Ruhe«, rief Oskar wieder.

»Aus den Eiern, die Frau Storch gelegt hatte, kro-
chen nach einiger Zeit vier kleine Störche. Sie
hatten noch keine richtigen Federn. An Fliegen
war also nicht zu denken, da kletterte der klein-
ste Storch, gerade als die beiden Alten einen Augenblick fortgeflogen waren, aus dem Nest. Er
hing kläglich piepend – denn junge Störche pie-
pen, während die älteren nur mit dem Schnabel
klappern – in der luftigen Höhe und drohte ab-
zustürzen. Die Katze sah das. Sie vergaß ihre
Angst, kletterte bis zur Spitze des Turmes und
stupste den kleinen Storch wieder ins Nest.
War es nun von der Katze eine Dummheit, dort
hinaufzuklettern?«

»Nein«, sagte ich entschieden. »Die Katze hat

dem kleinen Storch das Leben gerettet. Ich finde, sie war mutig!«

Der Doktor nickte. »Ist es aber nicht seltsam, wenn man ein und dieselbe Aktion einmal als dumm und einmal als mutig bezeichnet?«

Unsere »Pütz« lag jetzt schräg auf dem Wasser. Man konnte Oskar am Gesicht ansehen, wie sehr er sich anstrengen mußte, das Ruder und die Großschot zu bedienen.

»Wäre es nun dumm oder wäre es mutig, wenn Oskar diesem Herrn Isot sagen würde, daß er ein Riesenkamel ist?«

»Wem würde es nützen!« sagte Oskar. »Glaubst du, er würde das nächste Mal die besseren Bilder auswählen?«

»Das nicht«, sagte der Doktor. »Vielleicht aber würdest du dich wohler fühlen, wenn du Herrn Isot mal in höflicher Form deine Meinung sagst. Du mußt ja nicht gerade Riesenkamel ...«

»Klar zur Wende«, rief Oskar.

Wir wendeten und suchten hinter einer Baumgruppe Schutz vor dem Wind.

»Aber, aber«, rief der Doktor. »Oskar, du wirst doch nicht plötzlich Angst vor dem Wind bekommen haben!«

»Nein, ich handle nur vernünftig. Wir reffen das Segel.«

Mit einer Kurbel drehten wir den Großbaum so, daß sich ein Teil des Segels um ihn wickelte. Auf diese Weise hatten wir unser Großsegel um den dritten Teil verkleinert.

Dann erst befahl Oskar: »Schoten dicht holen!«

Wir durchfuhren eine Enge, dann wurde das Gewässer immer breiter und breiter. Vor uns erstreckte sich ein aufgewühlter See.

Die Müritz!

Unser Boot begann zuerst ganz unmerklich, dann aber immer stärker auf den Wellen zu tanzen. In regelmäßigen Abständen hob sich der Bug aus dem Wasser und tauchte dann wieder tief in die Wellen ein. Die Wellen trafen unseren alten Eimer mit solcher Wucht, daß man Angst bekommen konnte. Spritzer fegten über das Kajütendach bis zu uns nach hinten.

»Mit so einem feingliedrigen Boot, wie es die ›Santa Maria‹ ist«, sagte Oskar, »sollte man bei diesem Wind die Müritz nicht befahren.«

»Donnerwetter, ja«, brüllte ich, um den Wind, der in unseren Wanten heulte, zu überbieten.

Meine Mutter war in die Kajüte geklettert. Mit der Müritzkarte in der Hand erschien sie wieder im Niedergang. »Wir müssen die Tonne mit der Bezeichnung H ansteuern. Dort ist die Einfahrt zum Bolter Kanal.«

»Ich sehe keine Tonnen!« antwortete Oskar.

Der Doktor reichte mir das Fernglas. In großer Entfernung erkannte ich einen schwarzen Punkt, der bald von den Wellen emporgehoben, bald wieder fallen gelassen wurde. – Aber die Tonne war zu weit von uns entfernt. Ein H oder einen anderen Buchstaben konnte ich nicht darauf erkennen.

Oskar steuerte den Punkt an. Nach einiger Zeit sagte er: »Dieser Punkt bewegt sich auf uns zu.«

»Unmöglich«, rief ich und schaute wieder durchs Fernrohr. »Blaues Lametta! Oskar, sieh doch mal! Das ist ein Mann, der im Paddelboot spazieren-fährt ...«

»Du scherzest, mein Kind«, sagte Oskar. »Es müßte schon ein vollkommen übergeschnappter Kerl sein, der bei Windstärke sechs auf der Müritz im Paddelboot spazierenfährt, wo sich größere Boote nicht hinauswagen!«

»Der ist übergeschnappt, Oskar!«

Widerstrebend setzte Oskar das Fernglas an seine Pupillen. »Tatsache«, rief er. »Nannerl, der Mann ist gekentert!«

Oskar war außer sich. »Mann über Bord«, rief er.

Der Doktor und ich wollten uns von Oskar nicht

140

ins Bockshorn jagen lassen. Ich kniff die Augen zusammen. Jetzt konnte man das Boot und den Mann ohne Fernglas erkennen. Das Boot war tatsächlich umgeschlagen, und der Mann klammerte sich daran fest.

Meine Mutter hatte sich inzwischen ebenfalls von dem Seenotfall überzeugt. »Oskar«, sagte sie entschlossen, »kannst du nicht schneller fahren, sonst ertrinkt der Mann, bevor wir bei ihm sind!«

»Ich kann nur so schnell, wie der Wind uns treibt.«

»Das ist nicht sehr schnell«, äußerte der Doktor unzufrieden. »Vor einer Viertelstunde haben wir ihn nicht erreicht!«

»Es dauert sogar noch länger«, entgegnete Oskar.

Manchmal kann ein kurzer Augenblick sehr lange dauern. Wir hatten es mit vielen Augenblicken zu tun und kamen dem Mann sehr langsam näher.

»Mann-über-Bord-Manöver«, sagte Oskar, »jeder von uns muß wissen, was er zu tun hat. Also, wir segeln an dem Mann vorbei, so daß wir ihn auf der Leeseite Steuerbord haben. Wir wenden dann und drehen gegen den Wind. Das wird unsere Fahrt vermindern. Wir nehmen den Mann Backbord auf!«

»Gut«, nickte der Doktor. »Vielleicht sollte ich eine Fangleine klarmachen.«

»Richtig, Doktor. Binde den Rettungsring ans Ende. Vorsicht beim Werfen, damit der Mann nicht verletzt wird!«

Wir waren alle drei furchtbar aufgeregt.

»Alles klar?« fragte Oskar.

»Klar«, riefen wir.

Wir schossen mit großer Geschwindigkeit an dem treibenden Paddelboot vorbei. Wir sahen den Mann nur von hinten.

Oskar machte die Wende. »Alle Leinen los!«

Die »Pütz« ging mit. flatternden Segeln in den Wind und bremste merklich. Der Mann trieb jetzt, an sein Paddelboot geklammert, neben der »Pütz«.

»Kommen Sie dichter heran!« rief Oskar.

»Kann nicht schwimmen«, prustete der Mann.

»Der ist total übergeschnappt«, schimpfte Oskar, »kann nicht schwimmen!«

Der Doktor warf den Ring mit der Fangleine. Der Schiffbrüchige klammerte sich sofort daran.

Oskar und der Doktor beugten sich über die Reling, um den Mann ins Boot zu ziehen. Ich umfaßte die Beine meiner Mutter, damit sie nicht aus dem Boot fiel.

Der Mann schien so schwer wie ein Sack mit Eisen. Er hatte keine Kraft mehr, sich selbst an Bord zu ziehen. Inzwischen nahm die »Pütz« wieder Fahrt auf.

»Nannerl«, rief Oskar, »steure den Kahn mit der Spitze in den Wind, sonst schaffen wir es nie.«

Das war nicht einfach. Die »Pütz« nutzte jede Gelegenheit, auszubrechen, um mit flatternden Segeln Fahrt aufzunehmen.

»Ich kann nicht mehr«, sagte der Doktor erschöpft und rutschte mit dem Oberkörper immer mehr außenbords.

»Durchhalten!« rief Oskar.

Plötzlich kam mir der entscheidende Einfall. – Unsere Strickleiter! Wenig später kletterte der Mann, von Oskar und dem Doktor unterstützt, an Bord.

»Ihr seid in Lebensgefahr!« prustete er. »Roter Bolzen ist undicht. Die Zirrgiebels haben telegrafiert.«

Ich traute meinen Falkenaugen nicht: Der Mann, den wir gerettet hatten, war Oskars Jugendfreund Eddi!

»Los, ausziehen!« befahl der Doktor Eddi.

Oskar und ich brachten das Boot wieder auf den richtigen Kurs.

»Mein Paddelboot!« jammerte Eddi, der in Decken gehüllt im Niedergang stand.

»Das können wir aber nicht bergen«, sagte Oskar – wie es mir schien, etwas mürrisch.

Unsere »Pütz« legte sich stark auf die Seite.

»Wenn sich der rote Bolzen lockert, gehen wir unter – und wir haben kein Rettungsboot«, murmelte Eddi dumpf aus seinem Deckenlager in Oskars Koje.

»Ha«, sagte Oskar, »diesen lächerlichen roten Bolzen haben wir längst abgedichtet.«

Eddi machte eine tief enttäuschte Miene und drehte uns den Rücken zu. »Das hättet ihr mir früher sagen sollen.«

Mit diesen Worten fiel er in einen tiefen Schlaf.

15

Der Doktor stellt einiges richtig
und erzählt von einem Landgang, in dessen
Verlaufe eine ertrunkene Person
Champignons aufspürt und dringend abberufen wird

Eddi ist der sonderbarste Mensch, den ich jemals erlebt habe. Lange bevor ich Oskar kennenlernte, war er mit Eddi befreundet. Sie verstehen einander so gut, daß der eine weiß, was der andere will, wenn sie sich nur ansehen. Oskar findet Eddi großartig; und Eddi findet Oskar großartig. Noch niemals hat einer der beiden am anderen den geringsten Fehler entdeckt.

Auch meine Tochter Nannerl, die immerzu andere Leute kritisiert, findet Eddi »Klasse« oder »eine Wucht«. Sie besucht Eddi häufig. Eddi wohnt in einem sehr alten Haus. Er ist nicht verheiratet und hat keine Kinder. Vielleicht sieht deshalb die Wohnung so ungewöhnlich aus. Die Möbel und die Zimmerwände sind in Eddis Wohnung mit Öffnungen versehen, aus denen Eisenbahnstrecken zutage treten. Wenn man ahnungslos in irgendeinem Sessel sitzt, huscht plötzlich aus dem Kleiderschrank eine grüne

Elektrolokomotive mit Rungenwagen, auf denen ein Milchkännchen steht, und arbeitet sich auf einem Viadukt bergauf und wartet darauf, entladen zu werden. Kaum hat man sich von dem Schreck erholt, rattert ein Dampfzug heran. Auf den Anhängewagen stehen die Kaffeetassen. Nun schwenkt vom Schreibtisch ein langer Baggerarm aus und schüttet Würfelzucker auf den Eßtisch. Ehrlich gesagt, ich trinke meinen Kaffee lieber im Hotel.

Nannerl findet Eddis Wohnung selbstverständlich »superquadratisch«. Kein Wunder also, wenn ich dieses Kapitel schreibe, denn Nannerl und Oskar würden nur versuchen, Eddis Vorzüge zu schildern. Man würde zwar erfahren, Eddi baue die besten Drachen der ganzen Welt; aber kein Wort darüber, daß Eddis Kondordrachen vom letzten Herbst eine dreiviertelstündige Ruhe auf dem nahe gelegenen internationalen Flugplatz herbeigeführt hatte und daß Maschinen, die dort landen wollten, umgeleitet werden mußten. Alle Polizeifunkwagen der Umgebung suchten Eddi, weil seine Drachen die Luftsicherheit gefährdeten. – Ich bin dafür, daß dies alles erzählt wird.

Eddi ist häufig auf der Straße anzutreffen, wo er auf allen vieren mit gesenkter Nase entlangkriecht. Mit seiner übermäßig empfindlichen Nase spürt Eddi schneller schadhafte Stellen im unterirdischen Leitungssystem der städtischen Gasversorgung auf, als alle komplizierten technischen Geräte. Dieser Beruf ist sehr notwendig, denn ausströmendes Gas kann Menschen vergiften oder zu schweren Explosionen führen.

Oskar und Nannerl jedoch schweigen darüber, weil ihnen der Beruf zu ungewöhnlich erscheint.

Als Eddi in der Kajüte der »Pütz« endlich aufwachte, machte er einen jämmerlichen Eindruck.

Wir segelten noch immer auf der Suche nach der Tonne H über die Müritz. Zum Glück hatte der Wind nachgelassen, und eine friedliche See ließ uns den Weg leichter finden.

»Hallo, Eddi«, sagte Nannerl, »du kannst von Glück reden, daß wir dich gerettet haben!«

»Wenn ihr nicht vorübergekommen wärt, wäre ich zum Ufer gelaufen«, sagte er jetzt schon mit einem gewissen Selbstvertrauen.

Nannerl bekam vor Verwunderung kugelrunde Augen.

»Ja«, sagte Eddi, ich wäre halt auf dem Grunde des Sees gelaufen!«

»Ohne Luft?« fragte Nannerl.

»Im Boot lag eine drei Meter lange Bambusstange, die ich der Länge nach durchbohrt hatte«, antwortete Eddi überzeugt. »Das eine Ende hätte ich in den Mund gesteckt, das andere oben aus dem Wasser schauen lassen.«

Seine Worte zeigten, daß er vollkommen wiederhergestellt war.

Nannerls Augen flackerten. Wollte Eddie sie verkohlen?

»Tonne H in Sicht«, rief Oskar.

Es war höchste Zeit, daß wir die Einfahrt zum Kanal fanden. Die Dämmerung brach bereits an. Wir näherten uns der steinernen Mole, die sich weit in den See hinaus erstreckte. Sie schützte die Einfahrt des Kanals. Aber an der Einfahrt fehlten die üblichen Rauten oder Leuchtfeuer, die dem Schiffer die Orientierung erleichterten. Der Kanal war stillgelegt worden.

Der Bug der »Pütz« zerschnitt das stille Wasser des ehemaligen Kanals mit großer Geschwindigkeit. An den Ufern, mit der Spitze zum Land, lagen etwa zehn Segelboote. Die Mannschaften saßen meist in der Plicht und aßen Abendbrot. Sie bestaunten uns, daß wir es gewagt hatten, bei diesem Wind die Müritz zu überqueren.

»Sonntagssegler!« sagte Oskar verächtlich.

Plötzlich wurde wie von unsichtbarer Hand unser Boot gebremst. Das besorgten die Äste der Bäume, die weit in den Kanal reichten und unseren Mast umschlangen.

Eddi probierte Oskars Trainingsanzug. Aber die Jacke war zu kurz und ließ seinen Bauch frei. Nun band sich Eddi meinen roten Schal wie eine Schärpe um die Taille. So sah er aus wie ein Pirat.

Er nahm mir das Abendbrotgeschirr aus der Hand und sagte: »Ich werde das Abendbrot zubereiten. Das kann ich besser!«

»Sehr richtig, Eddi«, ließ sich Oskar hören, »wir beide zeigen den Damen einmal, wie man Abendbrot macht.«

»Entsinnst du dich noch, Oskar, als wir im Jahr dreiundachtzig ungarische Pastete herstellten?«

»Aber natürlich, das war doch am dreiundzwanzigsten November!«

»Nein, Oskar, am zweiundzwanzigsten. Wir hatten damals leider kein Backpulver im Hause. Trotzdem war das die beste Pastete, die ich jemals gegessen habe!«

»Komm, Nannerl«, sagte ich, »wir gehen spazieren!«

Wenn Eddi und Oskar begannen, sich zu erinnern, dann hörten sie so schnell nicht wieder auf. Nannerl und ich kannten bereits alle ihre Geschichten.

»Du, Doktor«, sagte Nannerl, als wir nebeneinander am Ufer entlangschlenderten, »Oskar und Eddi waren früher bestimmt ganz großartige Kerle!«

»Findest du sie jetzt nicht mehr großartig?«

»Großartig nicht direkt!« sagte Nannerl. »Bei Oskar geht doch allerlei schief. Denk nur mal, wie wir beinahe mit dem Boot untergegangen wären ... Und Eddi macht ganz schönen Quatsch ... Aber früher, da müssen sie anders gewesen sein ... Als sie zum Beispiel den Einbrecher im Warenhaus entwaffneten ...«

»Ja, ja«, sagte ich. »Sie waren mit dabei.«

»Wieso mit dabei?«

»Na, sie waren dabei, als die Polizei die Einbrecher festnahm.«

»Polizei? Was für eine Polizei? Sie erzählen doch immer, daß sie den Einbrecher vollkommen allein ...«

»Nein, es waren ungefähr zwanzig Polizisten anwesend. Nur – Eddi stöberte den Einbrecher durch seinen Geruchssinn auf. Der Einbrecher hatte sich die Hosentaschen mit Kaffeebohnen gefüllt ...«

»Du, Doktor ...!« rief Nannerl entsetzt. »Dann haben Eddi und Oskar gelogen ...«

»Lügen kann man das nicht direkt nennen, Nannerl. Als sie die Geschichte zum ersten Mal erzählten, waren es noch zwanzig Polizisten. Im Laufe der Jahre wurden es immer weniger, bis schließlich Eddi und Oskar den Einbrecher mit bloßen Händen fingen.«

»Also doch Lügner!«

»Nein, Nannerl. Die meisten Menschen sind so, daß sie ihre Schwächen schneller vergessen als ihre Stärken. Und wenn Eddi und Oskar die Einbrechergeschichte heute anders erzählen als vor ein paar Jahren, dann zeigt das, wie sehr sie sich wünschen, besser zu sein, als sie wirklich sind. Ist das so schlimm?«

Wir waren an der Spitze der Mole angekommen. Nannerl schaute über den See in die Richtung, aus der wir gekommen waren.

»Mutter«, rief sie plötzlich, »gestern habe ich dem Mischa erzählt, daß ich zehn Meter tief tauchen kann.«

»Und wie tief kannst du wirklich tauchen?«

»Na, vielleicht zwei Meter.«

»Du wolltest dem Mischa imponieren, Nannerl. Vielleicht gefällt es ihm aber noch mehr, wenn du ihm sagst, du hättest ein bißchen übertrieben.«

Nannerl seufzte. »Wenn er nur hier wäre, dann würde ich es ihm sagen.«

Eddi und Oskar hatten während unseres Spazier-
ganges das Abendbrot zubereitet. Es gab Spaghetti mit Tomatensoße. Geriebener Käse war
darüber gestreut. Wirklich, es schmeckte uns ausgezeichnet.
Eddi bereitete sich ein Nachtlager in der Plicht.
Er legte eine Decke auf die Bodenbretter.
»Das ist zu hart«, sagte Oskar.
»Ich schlafe immer hart, es ist gesund«, antwortete Eddi. »Nur eins stört mich, wenn man
kein Kopfkissen hat.«
Wir boten ihm jeder unser Kopfkissen an.
»Nein«, rief er, »die sind alle zu weich. Habt ihr
nicht ein paar Bücher, die ich mir unter den Kopf
legen kann?«
Kaum hatte er das ausgesprochen, reichte ihm
Nannerl die gebundenen Jahrgänge der »Nauti-
schen Mitteilungen«.
Oskar wollte protestieren. Eddi schnitt ihm je-
doch das Wort ab, indem er spöttisch sagte:
»Wahrhaftig, ihr habt wirklich an alles gedacht!«
Die Nacht verlief ohne Zwischenfälle.
Eddi stand am Morgen als erster auf. Er setzte
sofort nach dem Baden das Kaffeewasser auf.
Als wir alle zum Frühstück bereit waren, lud uns
der gedeckte Tisch schon ein.

»Heute werden wir einen Landspaziergang machen«, bestimmte Oskar.

»Zu dumm«, sagte Eddi, »daß ihr kein Bügeleisen mit euch führt. Mein Anzug ist jetzt einigermaßen trocken, jedoch völlig zerknittert.«

»Ein Bügeleisen! Ein Reglerbügeleisen«, rief ich aufgeregt. »Das haben wir selbstverständlich an Bord.«

»Nur keinen elektrischen Strom«, sagte Oskar mit höhnischem Lachen.

»Das macht überhaupt nichts«, antwortete Eddi.

»Ihr seid wirklich sehr aufmerksam.«

Mit diesen Worten zündete er die Flamme des Propangaskochers an, legte einen eisernen Topfdeckel darauf und stellte das Reglerbügeleisen zuoberst.

Oskar betrachtete das Treiben seines Freundes Eddi mit mißmutiger Miene. Das Eisen wurde heiß.

Nannerl und ich stießen uns mit den Ellenbogen gegenseitig in die Rippen vor Vergnügen.

Nach etwa einer Stunde standen Oskar und Eddi, im tadellos gebügelten Anzug, vor dem Boot.

Nannerl fehlte. Erst nach längerem Warten erschien sie.

»Noch nichts zu sehen von der ›Santa Maria‹«,

sagte sie. »Hoffentlich ist ihnen nichts zugestoßen.«

»Wohin gehen wir?« fragte Oskar.

»Zum Fundbüro selbstverständlich«, antwortete Eddi.

»Fundbüro?« riefen wir wie aus einem Munde.

»Jemand wird wohl mein Paddelboot gefunden und beim Fundbüro abgegeben haben.«

»Das ist logisch«, stimmte Oskar zu. »Nur, fürchte ich, gibt es hier kein Fundbüro.«

»Wo ein Zeltplatz ist, ist auch ein Fundbüro«, entgegnete Eddi würdevoll und schnupperte in der Luft herum.

»Kannst du auch Zeltplätze riechen?« fragte Nannerl.

»Nichts leichter als das, Nannerl. Zeltplätze sind gewöhnlich von großen Unrathaufen umgeben, die einen fürchterlichen Gestank verbreiten. Er schnupperte weiter. »Der Zeltplatz liegt nördlich!«

Wir waren noch keine Viertelstunde gelaufen, da schimmerten durch den Wald farbige Zeltdächer.

Das erste Zelt des Platzes glich der Lagerstätte des Maharadschas von Bengalien. Es bestand aus mehreren größeren Zelten mit Fransen. Ein Schild warnte: »Bissiger Hund!«

Ein älteres, beleibtes Ehepaar saß in Drehsesseln und besah sich das Frühprogramm des Fernsehens. Eddi versuchte, Auskunft zu erhalten, wo sich das Fundbüro befände. Leider schaltete sich der bissige Hund durch lautes Bellen in das Gespräch ein.

So eilten wir zum nächsten Zelt.

Es war etwas kleiner, dafür aber von einem Holzgeländer umschlossen. Eddi wollte durch die Lücke im Zaun auf das Zelt zugehen, da ertönte von drinnen eine Stimme: »Mensch, sehen Sie nicht, der Weg ist geharkt!«

Am dritten Zelt gingen wir vorbei. Dort war ein junger, bärtiger Mann damit beschäftigt, sein Motorrad zu reparieren. Durch diesen Umstand konnten wir uns wieder nicht verständigen. Wir hielten uns die Ohren zu, weil wir befürchteten, das Trommelfell könnte platzen.

Schließlich trafen wir eine Frau vor einem ganz winzigen Zelt, die weder einen Hund noch ein Kofferradio und auch kein Motorrad besaß. Sie riet uns, wir sollten uns an den Zeltplatzwart wenden. Wir würden sein Büro drei Kilometer nördlich finden.

Der Zeltplatz zog sich am Ufer des Sees entlang.

»Alle Wetter«, sagte Eddi und deutete auf die

Müritz, wo drei große Rettungsschiffe mit der Rotkreuzflagge auf und ab fuhren. »Die scheinen irgend etwas zu suchen.«

»Hoffentlich nicht die Reste der ›Santa Maria‹«, sagte Nannerl ängstlich.

Endlich standen wir vor der Hütte des Zeltplatzwartes. Der Zeltplatzwart war von Männern verschiedenen Alters umringt.

Darunter befanden sich auch einige Polizisten.

»Eure Aufgabe ist klar. Wir gehen von Zelt zu Zelt und stellen fest, ob irgendwo eine Person vermißt wird.«

»Jawohl«, sagten die Anwesenden und verteilten sich eilig in alle Richtungen.

»Ist hier das Fundbüro?«

»Nein«, sagte der Zeltplatzwart. »Fundgegenstände werden allerdings bei mir abgegeben. Gehört Ihnen dieser Regenschirm?« Er griff in ein Regal und hielt Eddi einen Seidenschirm vor das Gesicht.

Eddi sagte: »Nein, ich suche vielmehr . . .«

»Weiter ist in der vergangenen Woche nichts abgegeben worden«, sagte der Zeltplatzwart. »Sie entschuldigen, aber wir führen zur Zeit eine Großsuchaktion nach einer Person durch, die vermutlich ertrunken ist.«

»In diesem Falle ist mein Anliegen unwichtig«,

sagte Eddi und zog sich mit einer leichten Ver-
beugung zurück.

»Vielleicht müssen wir noch etwas warten, bis
das Boot gefunden wird«, sagte Eddi.

Wir begannen den Rückweg zu unserer »Pütz«.
Das ganze Lager war in Aufregung. Viele Leute
standen am Ufer und starrten auf die Rettungs-
kreuzer. Auch an unserem Anlegeplatz am Kanal
herrschte Aufregung. Die Segler umstanden einen Feuerwehrmann und diskutierten.

»Vermissen Sie eine Person?« fragte uns der Feuerwehrmann, als wir uns der Ansammlung näherten.

»Nein«, antworteten wir zusammen.

Der Feuerwehrmann wandte sich wieder an die
Versammlung. »Offensichtlich handelt es sich
um eine alleinstehende Person. Der Mann hatte
wahrscheinlich die Absicht, zu angeln, und ist
bei dem gestrigen Sturm ertrunken.«

»Woraus schließen Sie das?« fragte einer der Segler.

»Wir fanden in dem angetriebenen Bootskörper
eine drei Meter lange Bambusstange«, sagte der
Feuerwehrmann. »Merkwürdig ist allerdings,
daß die Stange in ihrer ganzen Länge durchbohrt
ist.«

Eddi bahnte sich mit plötzlich erwachtem Eifer

157

seinen Weg zu dem Feuerwehrmann. »Mit dieser Stange«, sagte er gewichtig, »wäre der Mann überhaupt nicht ertrunken. Der Mann hätte vom Seegrund aus durch das Bambusrohr atmen können.«

»Ich würde mich schämen, angesichts dieses tragischen Unglücksfalles Witze zu machen!« entgegnete der Feuerwehrmann.

»Wo ist das Boot?« fragte Eddi.

Die Menschenansammlung wich zur Seite und gab den Blick auf Eddis Paddelboot frei.

»Dies ist mein Boot«, sagte Eddi laut und vernehmlich. »Und ich kann Ihnen die freudige Mitteilung machen, daß ich lebe!«

»So«, brummte der Feuerwehrmann wütend. »Ihretwegen hatten wir also die ganze Nacht Alarm.« Etwas versöhnlicher fügte er hinzu: »Gottlob, daß wir Sie lebend gefunden haben.«

Eddi begann, sich zu ereifern: »Ich habe Ihnen bereits gesagt, mir konnte nichts passieren. Ich hatte doch das Bambusrohr bei mir.«

»Verlassen Sie sich darauf nicht«, sagte der Feuerwehrmann. »Es sind bestimmt schon Menschen ertrunken, die sich auf so einen Strohhalm verlassen haben.«

Eddi wurde nun doch nachdenklich. »Dann werde ich wohl noch schwimmen lernen müssen«, sagte er bedrippt. »Auf Wiedersehen. Und nun schlafen Sie sich erst mal aus, guter Mann.«

»Ha«, stieß der Feuerwehrmann wütend hervor, »die Suchaktion ist noch nicht abgeschlossen. Wir suchen noch nach einem anderen Mann, der sich hier aufhalten soll.«

In diesem Augenblick schnüffelte Eddi heftig in der Luft umher. »Etwa in einskommafünf Kilometer Entfernung südöstlich müssen Waldchampignons stehen«, rief er. »Ich rieche sie deutlich.«

Mit diesen Worten wollte er sich eilig entfernen.

Der Feuerwehrmann packte ihn jedoch grob. »Ha«, rief er. »Sie sind auch die zweite Person, die gesucht wird. In Ihrer Heimatstadt ist eine Gasleitung undicht geworden. Sie müssen sofort diese Stelle ausfindig machen!«

Der Feuerwehrmann zog ein Funkgerät hervor und rief in das Mikrofon: »Hier Espaier drei, bitte die zwei gesuchten Personen am Punkt Q sechzehn aufnehmen!«

»Ich bin nur eine Person«, protestierte Eddi.

Die Rettungsschiffe veränderten sofort ihren Kurs und hielten auf die Einfahrt des Bolter Kanals zu. Wenige Minuten später wurde Eddi zusammen mit seinem Paddelboot an Bord eines der Schiffe gebracht.

Oskar, Nannerl und ich machten uns sofort auf den Weg und fanden südöstlich eine Champignonkolonie. Allerdings nicht einskommafünf Kilometer entfernt, sondern schon nach wenigen Schritten.

16

*Nannerl erzählt, wie sie
und Mischa allerlei entdeckten
und schließlich zur bunten Wolke
wurden*

In der Ferne kreuzten Jachten, aber keine nahm Kurs auf den Kanal. Ich spuckte vor Langeweile ins Wasser. Dadurch wurde meine Laune nicht besser. Ein Krebs krabbelte rückwärts unter einen Stein.

So wie ich mich jetzt fühlte, mußte es auch Robinson Crusoe ergangen sein, als er auf seiner Insel Ausschau nach einem Schiff hielt. Er hatte sich mit Tieren unterhalten, als seien es Menschen.

»He, du«, sagte ich zu dem Krebs, »wartest du auch auf jemanden?« Der Krebs blieb jedoch in seinem Versteck unter dem Stein.

»Beim singenden Wasserfloh«, sagte eine Stimme hinter mir, »ich dachte schon, du bist verlorengegangen.«

Es war Mischas Stimme.

Am liebsten wäre ich vor Freude ins Wasser gesprungen. »Ich hab die ›Santa Maria‹ überhaupt nicht kommen sehen«, sagte ich.

»Ha«, rief Mischa, »wenn du im Wald herumstrolchst und Pilze suchst, mußt du sie ja verpassen!«

»Du dachtest wohl, ich hab nichts anderes zu tun, als auf dich zu warten«, sagte ich verächtlich. Der bildete sich ganz schön was ein!

»Los, nun komm, sonst wirst du noch vollkommen zur Landratte.« Er drehte sich um und ging.

So hatte mich schon lange niemand beleidigt. Ich, eine Landratte ...

Ich laufe keinem Jungen nach. Aber sollte ich hier auf den Steinen sitzen und mit einem Krebs reden?

Am Strand lag Mischas Optimistenjolle.

»Leg die Schwimmweste an!« rief er. »Wir stechen in See. Mit deinen Eltern habe ich alles klargemacht.«

»Vielleicht habe ich gar keine Lust«, sagte ich. »Ich bin nämlich eine Landratte.«

In diesem Augenblick brach Sascha, der schwarze Teufel, jaulend aus dem Gebüsch hervor.

»Du bleibst hier!« sagte Mischa, packte ihn und brachte ihn zur »Santa Maria« zurück.

Ich blieb unentschlossen am Strand stehen.

Als Mischa wiederkehrte, watete er ins Wasser und schob seine Jolle vor sich ins Tiefe.

»Kommst du nun mit oder nicht?« fragte er beiläufig.

»Wenn du unbedingt willst!«

Mischa setzte das himmelblaue Segel, und wir schipperten dicht an der Mole entlang ins freie Wasser. Wir hatten gerade die letzten Steine erreicht, da sauste ein schwarzes Knäuel heran und landete mit einem kräftigen Sprung in der Jolle – Sascha. Daran war nun nichts mehr zu ändern.

Das Ufer blieb schnell hinter uns. Leise plätscherten die Wellen. Sonst war es still.

»Meine Eltern!« sagte Mischa unvermutet. »Ich kann dir sagen, den Mund mußte ich mir fusselig reden, damit sie endlich die Leinen loswarfen, um hierherzusegeln. Dort drüben gab es nämlich Aal in der Gaststätte und ein Wasserklo. Am liebsten hätten sie den ganzen Urlaub dort verlebt. Unsereiner wird ja nicht gefragt.«

»Ißt du keinen Aal?« fragte ich.

»Du bist eine Maus mit drei Ohren! Klar esse ich Aal. Aber wir hatten uns doch hier verabredet.«

»Mich hat man gezwungen, Pilze zu sammeln. Dabei wollte ich lieber auf der Mole sitzen.«

»Die Eltern sind alle gleich.«

»Ich habe mir meine Eltern bisher ganz anders

vorgestellt«, sagte ich und bekam einen Schreck.
Warum sprach ich mit Mischa darüber? Es be-
schäftigte mich schon eine ganze Weile, aber bisher hatte ich noch mit niemanden darüber
geredet.

»Ich dachte früher, die wären ganz anders als
wir. Und nun habe ich festgestellt, daß Oskar,
mein Vater, 'ne ganz schöne Stange angibt ...
Und meine Mutter, die hat manchmal so einen
Flitz. Sie will plötzlich ganz vornehm sein ...«

»Hör auf«, rief Mischa, »mein Vater kriegt
manchmal aus heiterem Himmel Wutanfälle.
Und meine Mutter nörgelt immer an mir herum
wegen der Ausdrücke ...«

»Genau wie bei mir!«

»Sonst sind sie ganz einwandfrei.«

»Meine auch«, sagte ich. »Mit Oskar könnte man
Amerika entdecken, und meine Mutter würde
sogar mitmachen.«

»Mein Vater kommt sich auch wie Kolumbus
vor.«

»Bloß schade, daß Amerika schon entdeckt ist«,
sagte ich.

Am Himmel kreiste ein großer, dunkler Vogel.
Unvermittelt fiel er wie ein Stein herab. Er berührte das Wasser und stieg dann schwerfällig
wieder auf. Seine Krallen umschlossen einen sil-

bernen Fisch. »Das ist der erste Fischadler, den ich gesehen habe«, schrie Mischa begeistert.

»Ist der schön«, sagte ich.

Mischa sah mich ein bißchen komisch an. »Du«, sagte er, »wenn du so guckst, hat man den Eindruck, du fliegst mit dem Adler fort.«

In Gedanken war ich wirklich wie der Adler davongeschwebt.

»Ach, du feuerspeiernder Onkel aus Neufundland«, sagte Mischa plötzlich und wies mit der Hand geradeaus aufs Wasser.

Dort schipperte eine Flotte von »Optimisten« mit weißen, blauen und roten Segeln auf uns zu.

»Das sind die aus Röbel«, sagte Mischa. »Bei unserer letzten Regatta habe ich die alle stehenlassen.« Sein Gesicht strahlte vor Schadenfreude.

Wenige Minuten später waren wir von den Booten umringt.

Wir winkten grüßend zu den anderen hinüber und schlossen uns ihnen an.

So gehörten wir auch dazu – zu der Wolke aus bunten Segeln.

Nannerls Worterklärungen
für Landratten

achtern	hat nichts mit der Zahl acht zu tun, sondern bedeutet bei Schiffen einfach hinten
achternaus	hinter einem Schiff
Achtersteven	nennt man den schmalen, hinteren Teil des Schiffes
Achterliek	ist der hintere Saum des Segels
Backbord	die linke Seite des Schiffes, von hinten nach vorn gesehen
Betonnung	Die Fahrrinne von Flußläufen und Seen wird durch grüne und rote Tonnen gekennzeichnet
Bilge	das ist die tiefste Stelle in einem Boot, dort sammelt sich das eingedrungene Wasser
Böe	auf dem Lande sagt man Windstoß dazu
Bug	ist der vordere Teil des Schiffes
dicht holen	heranholen
Feudel	Zu Hause sagt man dazu einfach Aufwischlappen, häufig sind Feudel auch fransenartige Gebilde zum Reinigen des Decks
Fock	ist das Vorsegel eines Sportbootes
Gaffel	hat nichts mit gaffen zu tun. Es handelt sich hier um eine Segelstange, an der das Großsegel mit der oberen Kante befestigt ist

167

Großbaum	an diesem Baum wachsen keine Blätter, sondern daran ist die untere Kante des Großsegels befestigt
Großschot	Schoten mit Mohrrüben sind ein beliebter Gemüseeintopf. Auf dem Boot sind Schoten Leinen, mit denen man die Segel verstellen kann
Großsegel	Das große Segel auf einem Sportboot
Havarie	bedeutet, daß ein Teil des Schiffes entzweigeht, oder auch das ganze Schiff
Heck	ist der hintere Teil des Schiffes
Jolle	ein offenes Boot
Jütt	Hebelarm zum Legen des Mastes. Man muß nicht unbedingt nach Jütland fahren, um eine Jütt zu erwerben
kappen	wenn man es groß schreibt, setzen es die Narren auf, klein geschrieben bedeutet es trennen
killen	der Begriff stammt nicht aus einem Gangsterfilm, gemeint ist ein leichtes Flattern des Segels hart am Wind
Koje	Schlafstelle auf Schiffen
kollidieren	zusammenstoßen
Kreuzer	Sportboot mit einer Kajüte
Leck	das ist eine Stelle im Schiff oder in einem Gefäß, die undicht geworden ist
Lee	die Seite des Schiffes, die dem Winde abgekehrt ist
lenzen	der Lenz bedeutet Frühling. Gelenzt wird allerdings mit einer Wasserpumpe
Luv	die dem Winde zugekehrte Seite. Beim

	Zähneputzen sollte man sich immer in Richtung Lee stellen
Niedergang	Einstieg in die tiefer liegende Kajüte
ösen	Ösen und Haken findet man an Kleidungsstücken. In unserem Falle bedeutet es jedoch, aus einem Boot Wasser mit einem Gefäß außenbords zu befördern
Pinne	Die Pinne ist ein handfester Knüppel, mit dem man das Steuerruder bewegt. Auf kleineren Booten benutzt man Doppelpinnen
Planken	das sind einfach Bretter, aus denen die Außenwände von Holzbooten bestehen
Plicht	der hintere, nicht überdeckte Teil des Bootes
Raute	Schiffahrtszeichen an Ein- und Ausfahrten von Häfen und Kanälen
Reling	auf beiden Seiten eines Schiffes verlaufender Gang. Auch ein Geländer wird auf Schiffen als Reling bezeichnet
reffen	das Segel wird bei starkem Wind verkleinert
Ruder	damit bewegt man ein Boot nicht fort, sondern steuert es
Spanten	Querverbände, auf denen die Planken eines Bootes befestigt sind
Spieren	Rundhölzer, z. B. Großbäume, Gaffeln und Masten
Stagen	Drahtseile, die dem Mast die notwendige Stabilität nach vorn und hinten verleihen

Staken	lange Stangen
Steuerbord	die rechte Seite des Schiffes, von hinten nach vorn gesehen
Talje	Die Talje basiert auf dem Prinzip des Flaschenzuges. Man verdoppelt oder vervielfacht damit seine Körperkraft, muß aber mit dem Tauwerk eine längere Strecke bewältigen
Verheißen des Segels	das Segel am Mast oder an den Stagen emporhieven
Wanten	Drahtseile, die dem Mast die notwendige Stabilität nach den Seiten verleihen
Wende	das Schiff wechselt den Kurs, indem es mit dem Bug durch den Wind geht

Inhalt

171

172

Die Deutsche Bibliothek - CIP-Einheitsaufnahme

Abraham, Peter:
Ein Kolumbus auf der Havel / Peter Abraham. - 7., veränd.
Aufl., überarb. Neuausg. - Berlin : Kinderbuchverl., 1994
ISBN 3-358-02110-6

© 1994 veränderte Nachauflage
Der KinderbuchVerlag, D-10719 Berlin
Alle Rechte vorbehalten
95.-105. Tsd.

Einbandillustration: Roland Beier

ISBN 3-358-02110-6